EVELYN RUPPERTI . M & M ASSAM

Grado
Der nahe Süden zu jeder Jahreszeit

Verlag Carinthia

© 2007 by Carinthia Verlag
in der Verlagsgruppe Styria GmbH & Co KG, Wien-Graz-Klagenfurt
Alle Rechte vorbehalten
www.carinthiaverlag.at
Projektleitung: Agentur für Buchmanagement - Nicole Richter, Klagenfurt
Gestaltung: Greenfingers CommunicationCompany, Klagenfurt
Fotos: © Marion & Martin Assam, Pörtschach
Kartographie: © Felix Amode, München
Druck & Bindung: dimograf, Bielsko-Biala, Polen
ISBN: 978-3-85378-617-8

Aus der Geschichte
- 12 Zufluchtsort mit Tradition
- 24 Die Città Vecchia

Aufbruch in die Gegenwart
- 44 Bevor der Wohlstand begann
- 51 Dem Meer entrissen - auf Sand gebaut
- 57 Die Stadtteile Grados

Grado für Gäste - Urlaubsfreuden
- 68 Das Gold der Lagunenstadt
- 75 Flanieren und konsumieren
- 83 Thermen
- 84 Veranstaltungen
- 89 Sport zu Wasser und zu Lande
- 93 Die Lagune ruft
- 107 Die Gradeser Küche
- 112 Schlemmeradressen
- 128 Jenseits der Hauptsaison

Ausflugsziele - Sternfahrten ins Land
- 144 Schön und ganz nah
- 174 Noch weiter ins Land geschaut
- 180 Allgemeine Informationen

Weit leuchtet die
schneeweiße Kirche
von Barbana über
die Lagune.

Einleitung

WARUM GERADE GRADO ...

Ein ganzes Büchlein über einen kleinen Badeort an der Adria? Über ein Nest von der Sorte, wie sie sich zigfach bis hinunter nach Rimini und noch weiter aneinander reihen, weitgehend austauschbar, mit mehr oder weniger modernen, sterilen Hotelbunkern, überquellenden Stränden, oft übertevert und doch des Sommers heiß begehrt? Der vorliegende Reiseführer möchte den Beweis antreten, dass Grado ganz anders ist, denn: Grado hat Vergangenheit. Eine Vergangenheit, die auch heute noch sichtbar ist, voller Legenden und Traditionen. Das verleiht dem Ort den unverwechselbaren Charme.

Grado war und ist ein Fischerort, dessen jüngere Geschichte voll romantischer, aber bittererer Armut besonders im Hafen mit seinen bunten Fischerkähnen noch einen malerischen Nachklang findet. Grado ist lebendig, eine Stadt mit 9.000 Einwohnern eben. Die verschwinden auch nach der Saison nicht ganz einfach, sondern wollen Prosciutto und Aspirin kaufen, essen gehen, Bank- und Postgeschäfte erledigen und Espresso in ihrer Stammkneipe trinken. Und deshalb hat Grado mehrere Gesichter:

Da wäre das hochsommerliche Grado mit allem, was dazu gehört; die wohl bekannteste Ansicht der Lagunenstadt. Menschen, wohin das Auge reicht, der Strandnachbar näher als einem lieb, in der *Trattoria* kein Platz mehr frei und der ansonsten nette Kollege, der zufällig auch hier urlaubt, sieht im Anzug auch besser aus als im knappen Trägerleibchen. Man kennt das ja - nähere Beschreibung nicht nötig. Schön für das einstmals bettelarme Fischerdorf, wenn das Geschäft floriert.

Aber eben nichts für Genießer, denn die kommen zu anderen Zeiten und suchen das „andere" Grado. Sie finden ein geruhsames Städtchen, das sich im März langsam aus den klammen Armen des Winters schält. Das auch im Mai, Juni und September mit allen Vorzügen der Sonne und des Meeres aufwarten kann. Wo im Oktober am fast menschenleeren Strand auf resche Herbstwinde wärmende Sonnenstrahlen folgen. Das mit gemütlichen Kneipen aufwartet, in denen die Köche das Meeresgetier mit einer Hingabe schmoren, als würden sie ihre eigene *Mamma* bewirten.

Ein Plädoyer für das Grado jenseits der Hochsaison? Ja, zumindest bei all jenen, deren Focus nicht hauptsächlich auf „bacherlwarmes" Meer und glühendheißen Sand gerichtet ist. Was keinesfalls Grados Qualitäten als Badeort in Abrede stellen soll. Denn diese können sich nämlich genauso sehen lassen: Neben dem goldenen Strand des offenen Meeres eine zauberhafte Lagune. Sie ist leicht zu erobern, stehen doch Ausflugsschiffe bereit, die Gäste hinaus zutragen in die Welt der flachen Sandinseln, der Fischerhütten und des flirrenden Lichts über gekräuseltem Wasser. Das Meer ist sauber, die Pflege des Hauptstrandes hält dem Ansturm stand, wenn es auch auf den ersten Blick irritierend erscheint, dass er hermetisch abgeriegelt und nur gegen eine Eintrittsgebühr zu betreten ist. Echte Gradofans stoßen sich nicht daran, wissen sie doch die dafür erbrachten Serviceleistungen zu schätzen oder weichen gleich in die kostenlosen Strandabschnitte aus, die es zum Glück auch gibt. An Veranstaltungen und Unterhaltung herrscht kein Mangel, zum Shoppen und Flanieren finden sich ganze Straßenzüge und, was schwer in die Waagschale fällt, die regionaltypische Küche übertrifft das italienische „Standardmenü" vergleichbarer Orte auch noch in der Hochsaison.

Die Dichte der Lokale ist unglaublich und es liegt am Gast zu wählen, wonach ihm der Sinn steht. Fischküche wird natürlich hochgehalten, man kann aber auch auf Pasta und Pizza ausweichen oder zu deftigem Gegrillten greifen. Letzteres am schönsten in einer bäuerlichen *Trattoria* landeinwärts, weil wir auch das nahe Festland hier einbeziehen wollen. Apropos: Noch etwas zählt zu den großen Pluspunkten eines Gradourlaubs, nämlich die nähere Umgebung. Das heißt beileibe nicht nur Lagune und Meer, sondern auch die kulturellen Highlights von Aquileia oder, weiter östlich, von Schloss Duino – alles nur wenige Kilometer entfernt und immer zu verbinden mit weiteren kulinarischen Höhenflügen.

Wer etwas tiefer eintaucht in die Vergangenheit, spürt darin das leise Bedauern der Stadt, den glanzvollen Aufstieg, der schließlich Venedig gelang, verpasst zu haben. Als Außenstehende wollen wir mit Entwicklung zufrieden sein: so haben wir den doppelten Genuss und besuchen ganz nach Gusto die morbiden Paläste der unnahbaren Serenissima oder das unkomplizierte, gastfreundliche Grado: Ein Ort, nicht so prunkvoll wie Venedig, nicht so ausschließlich der Fischerei verpflichtet wie Marano Lagunare, sondern ein moderner, anziehungskräftiger Ferienort an der Adria mit gewachsener Geschichte, intaktem Fischerhafen und prachtvoller Natur.

Und weil es darüber so viel zu erzählen gibt und Grado aus eben diesen Gründen den Urlaubern aus Kärnten, Wien, Bayern und von anderswo ganz besonders ans Herz gewachsen ist, war die Idee zu diesem „appetitanregenden" Büchlein geboren …

Aus der Geschichte

- **12** Zufluchtsort mit Tradition
- **24** Die Città Vecchia

ZUFLUCHTSORT MIT TRADITION

Als Zufluchtsort hat Grado Tradition: Heute sind es die Touristenscharen, die aus ihrem Alltag an die Strände der Sonneninsel flüchten. Zu Römerzeiten waren es Siedler vom Festland, vor allem die Einwohner des stolzen und mächtigen Aquileia, die auf die Insel drängten. Allerdings weniger, um sich zu erholen, sondern um angesichts heranstürmender Kriegerhorden zu überleben.

Doch gehen wir zunächst noch weiter zurück. Bewohnt war Grado schon vor dem ersten großen Flüchtlingsstrom, und zwar von römischen Bürgern, wovon einige Mauerreste aus dem 2. und 3. Jh. n. Chr. Zeugnis geben. Und es ist durchaus möglich und sogar wahrscheinlich, dass noch früher Menschen hier siedelten, doch ist davon leider nichts überliefert. Die kriegerischen Einfälle der Westgoten (401 und 407), der gefürchteten Hunnen Attilas (452) oder der Ostgoten Theoderichs (489) schwemmten die Menschen schutzsuchend in die kleine Siedlung. Hier draußen fühlten sich die Flüchtlinge sicherer, denn die flachen Sandstrände machten ein Anlegen von Schiffen auf der Meerseite unmöglich und die zunehmend unwirtlichen Flachwasser- und Sumpflandschaften auf der landeinwärts gerichteten Seite waren nur schwer und langsam zu überwinden.

Man muss sich diese Gegend übrigens anders vorstellen als heute – sie lag ganze 2 Meter höher, denn die Mündungskanäle des Natisone und zusätzliche, durch die Römer errichteten Entwässerungskanäle sorgten anfangs noch dafür, dass das Land einigermaßen trocken blieb. Die ausgeprägte Lagune und das Sumpfland entwickelten sich erst später, als die römischen Kanäle nicht mehr gewartet wurden und verkamen. Darüber hinaus senkte sich das Land auf natürlichem Wege, ausgelöst durch das Phänomen natürlicher Erdbewegungen, durch die der Sand in tiefere Lagen abrutschte. Nun, auch wenn anfangs die Lagune noch keine richtige Lagune war, blieb Grado doch schwer zu erreichen und bot auch landseitig guten Schutz.

Je öfter Aquileia attackiert wurde, desto mehr wuchs Grado selbst, denn es gab unter den Flüchtlingen immer welche, die es vorzogen, nicht mehr aufs gefährliche Festland zurückzukehren. Sie blieben und wurden Gradeser – und sie begannen, den Ort ihren Bedürfnissen entsprechend zu gestalten und auszubauen. Den bitter benötigten Schutz der Heiligen erflehte man in den schon früh errichteten Gotteshäusern, die heute den wertvollsten historischen Schatz Grados ausmachen. Weil man sich auf die Heiligen allein aber auch nicht verlassen wollte, war der nächste städtebauliche Schritt die Errichtung von starken Mauern. Damit war Grado nicht nur von der unzugänglichen Landschaft geschützt, sondern auch von einem wehrhaften Castrum, auf das alle stießen, die Sumpf und Wasser doch überwanden.

Rätselhaft ist die
Vergangenheit
von Grados Hafen
inmitten seichten
Meeres.

Das Geheimnis der Julia Felix
Einer der Faktoren, die eine Eroberung Grados erschwerte, war wie bereits erwähnt der flache Strand, der Schiffen das Anlegen fast unmöglich machte. Daher ist die These, Grado sei schon bei den Römern der Hafen Aquileias gewesen, durchaus umstritten. Dagegen spricht auch, dass Aquileia selbst einen Hafen hatte, nämlich einen leistungsfähigen Flusshafen am Natisone, dessen Reste noch heute zu besichtigen sind. Zwar wurde Ende der 1980er Jahre das Schiffswrack der Julia Felix vor der Küste zwischen Grado und Marano Lagunare gefunden, doch konnte dieser Fund die Zweifel auch nicht ausreichend beseitigen. Seine Konstruktion mit wenig Tiefgang könnte durchaus genauso für einen Flusshafen gedacht gewesen sein. Wollte die Julia Felix in Grado anlegen? Den Flusshafen von Aquileia ansteuern? Man weiß es nicht. Einzig und allein ihr Alter hat man inzwischen erforscht: Die Julia Felix wurde auf das Ende des 2. Jh. n. Chr. datiert und war ein 15 Meter langes Handelsschiff, beladen mit Amphoren voll Wein und gesalzenem Fisch. Groß war die Aufregung, als das Wrack 1999 schließlich aus den Fluten geborgen wurde – schon für 2000 war vorgesehen, das Schiff in einem eigens geschaffenen *Museo nazionale dell'archeologia subacquea* auszustellen, darauf wartet man in Grado allerdings heute noch.

Immerhin, das Museum ist schon in Bau. Wer an der *diga* entlang spaziert, wird Richtung *Spiaggia Azzurra* auf einen stattlichen Glaspalast stoßen, der aussieht, als könnte er demnächst vollendet sein. Aber wie die Vergangenheit bewiesen hat, sollte man mit diesbezüglichen Prognosen lieber vorsichtig sein... (Bilder der Arbeiten an der Julia Felix schmücken übrigens die Wände der „Osteria Mimi", Piazza Duca d'Aosta 16.)

Wenn schon nicht stolzer Haupthafen, so hat Grado möglicherweise aber eine kleine Nebenrolle im Hafensystem Aquileias gespielt. Immerhin deutet auch der Name „Grado", das im Lateinischen soviel wie Stufe und im übertragenen Sinne auch Anlegestelle und Hafen bedeutet, darauf hin. Und spätestens seit die Venezianer das Ruder in die Hand genommen hatten, ist Grados Hafen eine Gewissheit.

Karriere mit der Völkerwanderung
Nachdem die Hunnen das stolze Aquileia 452 gebrandschatzt und seiner Macht und Herrlichkeit damit ein zumindest vorläufiges Ende gesetzt hatten, pendelte der Bischof zwischen seiner Fluchtburg Grado und seinem angestammten Sitz hin und her. Noch gab es Pläne, Aquileia wieder aufzubauen, aber die Völkerwanderung spülte immer neue Bedrohungen ins Land: 568 fielen die Langobarden ein. Um ihrem Zugriff zu entgehen, packte der Patriarch wieder einmal sein Gefolge und seine Schätze ein, um sich in Grado in Sicherheit zu bringen. Diesmal zog er es allerdings vor, endgültig auf der Laguneninsel zu bleiben, wo er sich unter dem Schutz der Byzantiner sicher fühlen durfte; seine Nachfolger taten es ihm gleich. Es war die Glanzzeit Grados, in der Kirchen und Kapellen, Paläste und Häuser, Türme und Mauern erbaut wurden. Unter Bischof Elias (571 – 587), der Patriarch von Aquileia–Grado (Nuova Aquileia) genannt wurde, war Grado am Gipfel seiner Macht, und es ist kein Zufall, dass in dieser Zeit auch die prächtige Kirche *Sant'Eufemia* entstand. Die kostbaren Reliquien der Schutzpatrone Hermagoras und Fortunatus, die hier verwahrt wurden, zogen Ströme von Pilgern an. Sie landeten mit prächtigen, geschmückten Galeeren oder bescheidenen Fischerbooten – manchmal in festlichen Prozessionen, wie es heute noch bei beim *Perdon di Barbana* der Brauch ist.

Schon 606 war es aber mit der doppelten Patriachenherrlichkeit über Aquileia und Grado vorbei, denn in Aquileia wurde ein Gegen-Patriarch eingesetzt, der von den herrschenden Langobarden unterstützt wurde. Den isolierten Gradeser Patriarchen blieben daraufhin nur noch die adriatischen und istrischen Bistümer, und mit den machthungrigen Nachbarn vom Festland war überdies nicht gut Kirschen essen: Ständige Feindseligkeiten der Machthaber in Aquileia zermürbten die Lagunenstadt. Mehrmals wurde sie sogar überfallen und eine der Plünderungen, nämlich jene durch die Ritter des langobardischen Herzogs Lupo, ging ob ihrer Verwegenheit in die Geschichte ein.

Grados Stern versinkt – Venedig erblüht
Nur kurz wehte der Hauch der ruhmreichen Geschichte durch Grados enge Gassen – schon im 8. Jh. begann sein Niedergang. Eine neue Machtmetropole entstand im Süden: Venedig stieg zur politschen und religiösen Hauptstadt auf und schwang sich zur Schutzmacht der kleinen Schwester auf – oder soll man besser sagen, seiner Mutterstadt, wie es die Gradeser lieber hören? Sogar der Patriarch von Grado wurde von venezianischen Adeligen gekürt. Immer seltener hielten sich die Patriarchen zu Lebzeiten in Grado auf. Erst als Tote kehrten sie zurück, um sich hier standesgemäß begraben zu lassen.

Der Patriarch von Aquileia, Poppo, der eifrig am Bauen war und die Kathedrale in neuen Glanze wieder errichten ließ, setzte die Attacken gegen die ungeliebte Konkurrenz draußen am Meer gnadenlos fort. 1024 sprach der Papst die Diözese Grado Aquileia zu, was eigentlich das Ende für die Macht der Gradeser Patriarchen und das Ziel der Wünsche Poppos bedeutet hätte. Nur: praktische Auswirkungen hatte diese Entscheidung keine, denn bald darauf wurde diese Annexion wieder für ungültig erklärt. Trotzdem ging es mit der einstmals

Die Österreicher gaben
dem venezianischen
Hafen das heutige
Aussehen.

gefeierten Stadt bergab: Vielen Gradesern wurde es auf der Insel wegen der klimatischen Verhältnisse, zu denen Malaria, Sümpfe und Stürme gehörten, langsam aber sicher zu ungemütlich: Sie wanderten an den Rialto aus. 1156 wurde auch der örtliche Patriarch der Lagunenstadt endgültig untreu und nahm Residenz in Venedig. Damit hatte Grado seine Chance, sich den Geschichtsbüchern dieser Erde glorreich zu verewigen und so wohlhabend und mächtig wie Venedig zu werden, endgültig verspielt. Während die Serenissma immer einflussreicher wurde, versank Grado in die Bedeutungslosigkeit.

Die Lagunenstadt war dem Verfall preisgegeben: Das Meer fraß sich in die Sandbänke der Insel und schwemmte das Land förmlich unter den Füßen der Bewohner hinweg. Heiligtümer mussten verlegt werden, um sie dem Zugriff des Meeres zu entziehen. Vor der tödlichen Malaria, die draußen in den Sümpfen lauerte, konnte die Menschen jedoch niemand schützen. Nur mehr am Tag der Stadtheiligen Hermagoras und Fortunatus, dem 12. Juli, lebten die ruhmvolleren Zeiten Grados kurzzeitig wieder auf, wenn der Patriarch alljährlich in seine alte Wirkstätte zurückkehrte. Als schließlich 1451 der Bischofssitz in Grado für immer aufgehoben wurde, gab es keinen Anlass mehr für hohe Herren, ihren Fuß auf den Boden der Lagunenstadt zu setzen.

Das politische Leben wurde von Venedig aus gesteuert, das ab 1266 einen Gouverneur für Verwaltungsaufgaben entsandte. Es waren harte Jahre für die Bewohner Grados: die Chroniken verzeichnen Pest, Piratenangriffe und das verheerende Vordringen des Meeres. Gegen Ende des 16. Jhs. lebten nur mehr 1300 Seelen im nunmehr armseligen Dorf. 1797 besiegelten Napoleons Truppen den unwürdigen und ruhmlosen Untergang der Serenissima und auch in Grado zogen die Franzosen ein. Sie hinterließen ihre zerstörerischen Spuren genauso wie die Engländer, die anlässlich eines Seeangriffes das Stadtarchiv in Brand setzen und damit viele Kapitel der Geschichte des Ortes in Flammen aufgehen ließen.

Die Österreicher kommen
1815 begann die österreichische Herrschaft in der Lagune. Mit ihr wurden für die geschundene Küstenstadt die Weichen in ein neues, helleres Zeitalter gestellt: In dieser Zeit begann man, den natürlichen Fischreichtum mit Hilfe von produktionsstarken Konservenfabriken in klingende Münze zu verwandeln. Die Sardellen brachten eine willkommene Einnahmequelle, viele Zuzügler kamen nach Grado, um an der viel versprechenden Entwicklung teilzuhaben. Immer mehr Boote wurden gebraucht, immer mehr Häuser wurden gebaut – es gab Arbeit. In den Spitzenzeiten des Fischfangs gab es vier Schiffswerften, in denen gesägt und gehämmert wurde und in denen die großen *trabaccoli,* die Lastkähne, die *bragozzi* , Fischerboote mit zwei Masten, die einfacheren *boscatori* und auch die *batelas,* die typischen Lagunenboote, gezimmert wurden. Nach Pfingsten, der Zeit des Sardellenfanges, brachten Schwärme des *pesce azzurro* das Meer zum Brodeln. Die Fischer lieferten damals ihre silbrig glänzende Fracht so reichlich in die Fabriken, dass dort Tag und Nacht gearbeitet wurde. Noch heute wird das Fest (oder besser gesagt, die Feste, denn Grado feiert mehrmals!) der *sardelada* mit Hingabe gefeiert.

Erst später, als die Sardellen und mit ihnen die Fabriken schon wieder im Schwinden begriffen waren, begann die Entdeckung Grados durch den „Fremdenverkehr": Nicht, dass es nicht schon zuvor den einen oder anderen Gast gegeben hätte, der in bescheidenem Quartier hausend, die Vorzüge der Landschaft und die Ruhe der Lagune genoss. Aber so richtig los ging es

Stimmungsvoll ist das schlichte Innere des Doms *Sant'Eufemia*.

im späten 19. Jh., als die Österreicher die Qualitäten der Laguneninsel als Heilbad entdeckten. Eine Zäsur brachte der zweite Weltkrieg, der auch an der Lagunenstadt nicht spurlos vorüberging und zu einem Stillstand der Entwicklung führte. Danach aber wurde wieder eifrig gebaut und investiert, neues Land aufgeschüttet und schließlich mit dem Bau der Straßenverbindung aufs Festland der Schritt in eine reiche, geschäftige Zukunft getan, die schließlich Tausende von Feriengästen an die goldenen Strände Grados, die *Isola d'Oro*, strömen ließ.

Was von den alten Zeiten übrig blieb, zählt heute zu den großen Pluspunkten des beliebten Ferienortes: Nämlich die romantische, pittoreske Altstadt und der betriebsame Fischerhafen, die den Charme Grados ausmachen – Denkmäler vergangener Macht und Ohnmacht inmitten der Gewalten des Meeres.

DIE CITTÀ VECCHIA

Am Anfang der geschichtlich bedeutsamen Zeit Grados stand das Castrum, die starke, wehrhafte spätrömische Festung, die Bewohnern und Flüchtlingen aus Aquileia Schutz und Sicherheit bieten sollte. Von diesen Mauern ist zwar nicht mehr viel zu sehen; doch sind sie nach wie vor spürbar, denn sie haben den Grundriss der heutigen Altstadt vorgegeben.

Ihre Ausdehnung und Struktur entsprechen also ungefähr diesem Castrum. Ausgrabungen haben Fundamente bis zu 2,4 Meter unter Straßenniveau geortet und ergeben, dass das alte Castrum die Form eines verlängerten Trapezes von etwa 350 Metern Länge und 50 bis 100 Metern Breite hatte. Die malerischen Gassen und Gebäude der *Città Vecchia* bergen zum Teil auch Steine dieser Mauern, denn so wie anderswo auch verwendeten die Bewohner aus Mangel an Baumaterial einfach die vorhandenen Mauern für ihre Neu- und Umbauten. Dazu kam, dass meerseitig die Fluten das Bauwerk unterspülten, und so ist vom alten Castrum heute nur mehr wenig übrig geblieben.

Das Herz der Stadt, damals wie heute, ist der *Campo dei Patriarchi,* der Platz der Patriarchen. Um ihn herum sind auch die wichtigsten Monumente der Stadt angeordnet: Die *Basilica Sant'Eufemia,* das Baptisterium und die kleinere *Basilica Santa Maria delle Grazie* bilden die religiösen und kunsthistorischen Höhepunkte der Stadt.

Natürlich hat auch der *Campo dei Patriarchi* im Laufe der Geschichte sein Aussehen verändert. Verloren gegangen sind beispielsweise viele dekorative Laubengänge, die die Gebäude rundherum einst schmückten, nur mehr eine einsame Säule aus der Vorhalle der Kirche wurde mitten am Platz aufgepflanzt und erinnert an die vergangene Pracht. Sein heutiges Gesicht erhielt der *Campo* durch eine Generalrenovierung im 19. Jh.

Der Dom Sant'Eufemia

Das Hauptmonument des Ortes wurde 579, am Höhepunkt der Macht Grados, durch den Patriarchen Elias eingeweiht. Der Dom präsentiert sich heute als eine der wenigen unversehrten Kirchen aus der Zeit der Völkerwanderung. Dass er der Heiligen Eufemia geweiht wurde, ist kein Zufall - war diese doch die Schutzheilige jenes Konzils von Kalchedonien (Syrien), in dem die umstrittene Zweinaturenlehre festgeschrieben wurde, der auch der hiesige Patriarch folgte. (Kleiner Exkurs in die kirchenpolitischen Streitigkeiten jener Zeit: Die Anhänger der Zweinaturenlehre, darunter eben Aquileia-Grado, waren der Meinung, Christus habe eine menschliche und eine göttliche Natur. Die Gegner dieser Lehre

Durch enge Gassen
öffnet sich der Blick
auf den Campanile
mit dem *anzolo*.

mit Rom als Hauptverfechter verteidigten die rein göttliche Natur Christi. Aus dieser Glaubensspaltung heraus beanspruchten die Bischöfe von Aquileia auch den Titel Patriarch, der aber ausschließlich dem Bischof von Rom zustand.)

Der Dom wurde zwischenzeitlich auch von barocken Elementen verunziert, doch nun steht er wieder in seiner ursprünglichen Pracht da. Dreischiffig, mit einem fast 43 Meter hohen *Campanile*, der erst im 15. Jh. dazu kam und auf dessen Spitze sich der prächtige Erzengel Michael, der *anzolo*, nach dem Wind dreht. In seinem stimmungsvollen, schlichten Inneren fehlen aufwändiger Schmuck und Schnörkel. Das schönste dekorative Element ist das herrliche Bodenmosaik mit seinen Mustern und Inschriften – das letzte Meisterstück einer alten Mosaiktradition dieser Gegend. Auffällig ist auch die hohe, schmale Kanzel mit den sienaroten Verzierungen: In ihr spielen Stilrichtungen verschiedener Epochen zusammen, die Säulen sind römisch, darüber hochmittelalterliche und romanisch-gotische Elemente, gekrönt von einem maurisch anmutenden Baldachin.

Doch so alt dieser Bau auch sein mag, gab es doch schon vor ihm an derselben Stelle einen älteren. Dies zeigt uns ein Blick durch zwei kleine, umgitterte Ausnehmungen im Boden (Hauptschiff links Mitte und linkes Seitenschiff): Schon im 4. oder 5. Jh. stand hier eine kleinere Kirche, in der man das Grab eines zum Christentum bekehrten Juden fand. Nach jenem Peter „Petrus" Olympus wird dieser Ort auch die Petrus-Aula genannt. Die Apsis ziert ein riesiges, schon etwas verblasstes Freskogemälde eines unbekannten spätgotischen Meisters, das Christus zwischen den Symbolen der Evangelisten, den Heiligen Hermagoras und Fortunatus, der Jungfrau und dem Täufer darstellt. Dem golden glänzenden Altarbild darunter (tatsächlich besteht es aus vergoldetem Silber) bescheinigen Experten hervorragende Qualität aus venezianischer Schule. Es ist aus drei Teilen gefertigt und mit vielen Heiligen und einer Christusdarstellung auf dem Thron verziert. Auch hier zeigt sich die enge Verbindung zu Venedig nicht nur seiner Herkunft wegen, sondern auch der Stifter war ein reicher Venezianer. Am Ende des rechten Schiffs öffnen sich zwei weitere Nebenräume: das *salutatorium* mit schönen Mosaiken, das dem Bischof wohl als Präsentations- und Empfangsraum gedient hat. Hier steht in einer Ecke ein sagenumwobener Bischofsstuhl, der einst dem heiligen Markus gehört haben soll und den es auf Umwegen nach Grado verschlagen hat. Als das Patriarchat von Grado aufgelöst wurde, sicherten sich die Venezianer diese Reliquie des hl. Markus und in Grado steht seitdem nur mehr eine Kopie. Doch mit ziemlicher Wahrscheinlichkeit sind auch die Venezianer nur einer Legende aufgesessen sind, sah doch der echte Markusstuhl erwiesenermaßen etwas anders aus. Und außerdem – auch wenn die Menschen seinerzeit bekanntlich kleinwüchsiger waren, hätte der heilige Markus ein wahrer Zwerg sein müssen, um auf diesen Stuhl zu passen!

Noch ein Nebenraum öffnet sich auf der rechten Kirchenseite, das Mausoleum. Dessen Tonnengewölbe ist noch im Original erhalten, während die Apsis auf den ursprünglichen Grundmauern wieder errichtet wurde. Hier befand sich das Grab des – vermutlich verbannten und nicht sesshaften - Bischofs Marcianus, der hier seine letzte Ruhestätte gefunden hat. Mittlerweile musste er allerdings das Feld räumen und mit seinem Sarkopharg ins nahe Lapidarium übersiedeln. Auffällig sind hier die fünf bemalten Tafeln eines Holzpolyptychons, das in der Apsis aufgehängt ist, eine zentrale hölzerne Christusstatue lädt zum Gebet ein. Der Raum beherbergt in einem Mauerschrank noch eine Besonderheit, nämlich den Schatz der Kirche. Selbst nach den vielen Raubüberfällen und Plünderungen sind noch immer schöne Stücke erhalten wie z. B. Reliquienkapseln, feingearbeitete Kassetten und Schatullen aus Silber, ein kostbares Evangelienbuch mit silbernem Deckel, verschiedene Kreuze und Teller und vieles andere mehr.

Wer sich für steinerne Zeugen der Geschichte begeistert, sollte einen Rundgang durch das Lapidarium nicht auslassen, das sich gleich an den Dom anschließt. (Sie können direkt vom Dom ins Lapidarium gelangen, oder auch von außen, vom *Campo Elia* aus.) Was Sie hier sehen werden? Nun, steinerne Inschriften, Statuen und Skulpturen, Sarkopharge, Bruchstücke von architektonischer Ausstattung wie Kapitelle, Marmorplatten, Wandtafeln usw. Und ein Stück der Fundamente der alten Mauern des Castrums.

An der linken Seite des Doms steht etwas zurückversetzt das achteckige, von der Architektur Ravennas beeinflusste Baptisterium, die kleine Taufkirche. Wer sich von außen nähert, wird von einer Galerie interessanter Steinrelikte begleitet. Es sind gewaltige Sarkophage, die hier Spalier stehen, aber auch Ausgrabungen, die zum Teil dem Meer wieder entrissen wurden, wie z. B. Altäre und Stücke von Gräbern. Auch das Baptisterium musste einige Veränderungen über sich ergehen lassen: aus der Taufkirche wurde eine Friedhofskapelle, der kleine Laubengang, der das Gebäude umwand, ist verschwunden und barocke Elemente schlichen sich ein. Letztere wurden allerdings im Zuge der Restaurierung von 1925 wieder entfernt. Das Innere ist eindrucksvoll schlicht, ein sechseckiges Becken im seinem Zentrum wurde wieder rekonstruiert. Auch der Boden des Baptisteriums liegt tiefer als jener der Hauptkirche, und zwar um fast einen Meter. Dies könnte ein Indiz dafür sein, dass sie älter ist als der Dom.

Santa Maria delle Grazie mit den Schwebetüren vor der Renovierung

Santa Maria delle Grazie
Die kleine Schwester des stattlichen Doms wurde etwa zur selben Zeit erbaut, und auch sie hat schon einiges an Umgestaltungen und Rekonstruktionen hinter sich. Sie ist dreischiffig und von schlichtem Äußeren, ein schönes, säulengeschmücktes Fenster mit drei Bögen ziert die steinerne Fassade. Schon von außen künden sich die Besonderheiten an, die im Inneren der Kirche überraschen: Der Haupteingang ist über Stufen zu erreichen, die beiden Nebentüren schweben quasi in der Luft. Drinnen ist das kuriose Nebeneinander der unterschiedlichsten Bauhöhen noch augenfälliger, doch geht es diesmal nach unten: Im rechten Seitenschiff wurde ein Mosaikboden einer noch älteren Vorgängerkirche freigelegt, der mehr als einen Meter unter der Hauptebene liegt. Auch der Apsisbereich mit der Steinbank für die Priester liegt auf dem Niveau der Urkirche, das heißt, deutlich tiefer. Der Altar steht allerdings praktischerweise auf gleicher Höhe mit der Hauptebene, andernfalls wäre es für die Gläubigen auch schwierig, die Messezeremonie von ihren Plätzen aus zu verfolgen. Die Priester würden nur mehr zur Hälfte aus der Tiefe hervorragen... Einen näheren Blick wert sind auch die verschiedenen Kapitele der Säulen. Diese wurden übrigens im Zuge der Radikalrenovierung, die auch die barocken Zutaten eliminierte, von 12 auf zehn reduziert und erzeugen so eine andere Raumwirkung als die ursprüngliche Lösung. Was von Experten bedauert, von einem „normalen" Besucher jedoch kaum wahrgenommen wird. So viel Schlichtheit dürfte dem italienischen Geschmack jedoch verdächtig sein – für farbenfrohen Ausgleich sorgt im linken Seitenschiff eine Madonna mit üppigem, blitzblauem Gewand.

Doch mit diesen beiden Kirchen ist der frühchristlichen Gotteshäuser nicht genug, hat

oben: Baptisterium mit Sarkophagen
unten: Mosaik der *Basilica della Corte*

Grado schließlich noch ein drittes zu bieten. Diese Kirche ist allerdings nur mehr als Ruine zu besichtigen, und zwar am südlichen Ende der Altstadt auf der *Piazza B. Marin*. Hier hat man sehr anschaulich und geschickt die Überreste des Fundes in einen modernen Platz integriert, man spaziert praktisch über das geschichtsträchtige Mauerwerk hinweg. Es ist die *Basilica della Corte* oder auch *Basilica San Giovanni,* da sie vermutlich jenes in historischen Berichten erwähnte Bauwerk ist, das dem heiligen Johannes gewidmet wurde. Genau genommen handelt es sich auch hier um zwei Kirchen, die ausgegraben wurden – in Grado sind also alle Kirchen gleich in doppelter Ausführung vorhanden! Die ältere, kleine Kirche entstand schon im 4. Jh. Von ihr ist noch ein Stück des Bodenmosaikes gut erhalten. Erstaunlicherweise fand man gar einen zweiten Bischofsstuhl und ein zweites Baptisterium, was bedeuten würde, dass Grado gleich zwei Bischofskirchen hatte, und das ist doch reichlich ungewöhnlich. Ein Erklärungsversuch führt auf die Spur arianischer Christen (sie glaubten an eine göttliche Rangordnung, die Gott vor Jesus Christus reihte). Allerdings waren die Römer keine Anhänger dieser Lehre, wohl aber die Ostgoten, die ja zu Zeiten der Völkerwanderung mit ihrem König Theoderich hier zugange waren und dabei offenbar einen Stützpunkt eingerichtet hatten. Andere Meinungen bestreiten diese Theorie allerdings vehement, so dass auch das Geheimnis der zwei Bischofsstühle wohl ungeklärt bleiben wird.

Bischof Macedonius ließ die Kirche zu einer dreischiffigen Basilika umbauen, Fortunatus restaurierte sie zu Beginn des 9. Jhs. Und schon am Ende desselben Jahrhunderts verschwand sie wieder aus den Aufzeichnungen und bis zu ihrer Wiederentdeckung aus dem Gedächtnis der Geschichte.

Einstiger Gemeindesitz
mit typischem Kamin:
das „Haus der Musik"

Calli, cube und *campielli*

Den Zauber Grados machen aber nicht nur die kulturellen Herzstücke in Form der frühchristlichen Kirchen aus, sondern vor allem die gepflasterten, engen Gässchen (*calli*) die versteckten kleinen Plätze, die *campielli*, finstere Seitengänge *(cube)* und die verwitterten Steinfassaden mit den Außentreppen und Ziegel gedeckten Vorsprüngen und Erkern. Eng drücken sich die Häuser aneinander, als suchten sie beim Nachbarn Schutz vor den stürmischen Naturgewalten. Die Häuser sind keine Paläste, sondern schlichte, aber würdevolle und zweckmäßige Bauten, die dem harten Leben in einer solch exponierten Lage gerecht werden mussten. Überschwemmungen und Sturmfluten waren schließlich gang und gäbe. Viele haben einen *baleor*, einen äußeren Stiegenaufgang und eine Balustrade, denn gewohnt wurde einst noch vorwiegend im ersten Stock – eine wichtige Einrichtung zu Zeiten, als noch kein Damm die Altstadt schützte und das Meerwasser regelmäßig in Keller und ebenerdige Räumlichkeiten schwappte.

Von den bedeutungsvolleren Gebäuden ist also nur wenig übrig geblieben: Den *Palazzo Pubblico,* in dem einst der venezianische Statthalter residierte, gibt es schon lange nicht mehr (die Franzosen zerstörten ihn 1810) und im Haus der Patriarchen gegenüber dem Dom wütete eine Feuersbrunst. Hier steht auch zur *Via Gradenigo* hin ein Gebäude, in das ein Turm des alten Mauerwerks des Castrums integriert ist.

Von einem ausgedehnten Palastkomplex am südlichen Rand der Altstadt ist nur noch das Haus der Musik, der alte Gemeindesitz, mit schmuckem zweistöckigem Vorbau an der heutigen *Piazza B. Marin* übrig geblieben. Diese für Grado so typischen Vorbauten, aus denen dekorative Kamine ragen, bergen die Küche des Hauses, ebenso charakteristisch für den Gradeser Baustil wie die steile Außentreppe und die winzigen Höfe, die sich in mancher Ecke zwischen den Häusern öffnen. Viele malerische Details tun sich vor dem Auge des aufmerksamen Betrachters auf: Hier eine geheimnisvolle Mauernische, dort ein auffälliger achteckiger Kamin, vermauerte Bogengänge aus alten Zeiten, verwitterte Arkaden, hübsche Fensterchen mit grünen Balken und sorgfältig gepflegten Blumentöpfen. Unter einem Laubengang der winzigen *Calle Marchesan* knien oft die alten, verbrauchten Fischerfrauen, verhüllt unter schwarzen Kopftüchern und dunklen Kleidern und beten vor dem (Plastik-) Blumengeschmückten Madonnenbildnis, unbeeindruckt von vorbeiströmenden Massen, ihren Rosenkranz.

Besonders bezaubernd aber ist ein derartiger Bummel, wenn die Altstadt menschenleer ist und man die Muße hat, all die kleinen Kostbarkeiten und Eindrücke ohne Getöse und Gedränge zu betrachten. In der Hauptsaison mag dies allerdings ein eher schwieriges Unterfangen sein, hat sich doch die Altstadt auch zum Zentrum der Gastronomie entwickelt. An jeder Ecke, auf jedem freien Plätzchen drängen sich Tische und Stühle, sausen mehr oder wenig eilig die Ober durch die Reihen, werden eifrig Spaghetti und *frutti di mare* verschmaust und Weingläser gehoben. Der eine oder andere Laden bietet Kunsthandwerk, Mode, Zeitungen und Fleischwaren an – wenn auch das Zentrum des Konsums in der modernen Stadt liegt.

Nach Süden hin öffnet sich die *Città Vecchia* über die Ausgrabungen hinweg zur *Piazza B. Marin*, benannt nach Grados berühmtem Sohn, der andernorts noch zur Sprache kommen wird. An diesem Platz treffen das uralte und das moderne Grado zusammen, denn der Hochhausblock des Hotels Fonzari bildet eine übergangslose und dominante Bastion zur neuen Stadt hin. Hier steht auch das *municipio*, der Sitz des Bürgermeisters, an prominenter Stelle, den nur mehr der *Nazario*

Sauro Lungomare vom offenen Meer trennt. Der eigentliche Zweck dieser *diga*, des Dammes, ist ja nicht, den Touristen eine nette Möglichkeit für einen Bummel am Meer zu bieten, sondern hier geht es um Grados existenzielle Interessen: Die einen Kilometer lange Befestigung schützt nämlich die am meisten gefährdeten Ufer Grados vor dem Zugriff des Meeres und ist ein Werk der Österreicher, die sie im 19. Jh. errichteten.

Auf der Spurensuche im älteren Teil Grados werfen wir nun noch einen Blick auf den Hafen, bei dem die Altstadt in die andere Richtung, gegen Norden hin, endet. Sein heutiges Aussehen verdankt er jedenfalls den Österreichern, die ihn so konstruierten – der kleine venezianische Hafen ist längst verschwunden. Der Haupthafen für den stets wachsenden Sportschiffbereich ist der *Porto San Vito*, der sich ganz am nordwestlichsten Zipfel angesiedelt hat und an den der beliebte Gratisstrand Grados, die *Costa Azzurra*, anschließt. Die Seepromenade führt wieder zurück in den ältesten Teil der Stadt und vorbei an einigen bemerkenswerten Häusern. Darunter das Sterbehaus des Dichters Biagio Manin in der *Via Marchesini* oder die Villa Gaides mit ihren auffälligen Zinnen, in der dem Vernehmen nach schon Luigi Pirandello zu Gast war.

Einige Gebäude sind erbarmungswürdig baufällig, andere wie etwa der Glaspalast des zukünftigen Meeresmuseums erst im Entstehen. Nur die obersten Stockwerke der Häuser erlauben einen Blick auf das Meer – und das ist auch eine Besonderheit für eine Stadt am Meer, denn von der Altstadt aus ist das einst feindliche Wasser nicht wahrzunehmen. Erst mit dem Überwinden der Treppen hinauf zur *diga* ist man plötzlich in einer anderen Welt, der Blick schweift hinaus aufs Wasser und das Meer liegt dem Betrachter regelrecht zu Füßen.

So mancher findet die steinerne Meile zwischen den beiden Hauptstränden Grados steril und abweisend, vor allem dort, wo sie nach Osten hin vor dem Strand endet und das kolossale Hochhaus namens Zipser aus dem Jahre 1961 mit verwegen konkav geschwungener Fassade für einen kleineren Kulturschock sorgt. Dass es an den Ideenschatz Le Corbusiers angelehnt sein soll, lindert den Schmerz nur wenig. Ein wenig gelingt es der originellen Delfinskulptur draußen am Wasser und den Abkühlung bringenden Wasserspielen von der Monstrosität des Bauwerks abzulenken. Aber auch das ist ein Teil Grados, und ein Spaziergang über die *diga* bei untergehender Sonne ist allemal ein Erlebnis.

links: Der *Nazaro
Sauro Lungomare*
rechts: Altstadt-
impressionen

Aufbruch in die Gegenwart

44 Bevor der Wohlstand begann
51 Dem Meer entrissen - auf Sand gebaut
57 Die Stadtteile Grados

BEVOR DER WOHLSTAND BEGANN

Es ist nicht allzu lange her, als Grado noch ein bettelarmes Fischerdorf war, abgeschnitten vom Festland und ganz auf sich selbst gestellt. Die tägliche Last des Existenzkampfes drückte den Menschen aufs Gemüt und zehrte an ihren Kräften.

Nur mehr wenig erinnert heute noch an diese düsteren Jahrhunderte, in denen die Naturgewalten ungebremst die Menschen in ihre Geiselhaft nahmen. Vielleicht wäre diese Welt heute schon längst in Vergessenheit geraten, wäre da nicht ein Mann, dem es zu verdanken ist, dass diese Erinnerung weiter lebt. Auch dann noch, wenn der letzte wettergegerbte Fischer das Zeitliche gesegnet hat und das letzte der abgearbeiteten Weiber, die in der *Calle Marchesan* zur Madonna beten, seinen Rosenkranz für immer aus der Hand gelegt hat. Es ist dies Biagio Marin, dessen Namen man in Grado auf Schritt und Tritt begegnet. So wurde z.B. der Platz mit den Ausgrabungen der dritten frühchristlichen Basilika, vor dem neuen Rathaus, nach ihm benannt.

Sein Geburtshaus steht mitten in der *Città Vecchia*, ganz in der Nähe der Kirche *Santa Maria delle Grazie*. Hier kam Marin 1891 zur Welt, als Sohn einer Familie, die mit einer kleinen *Osteria* bescheidenen Wohlstand erwirtschaftet hatte und dem begabten Buben sogar eine Universitätsausbildung ermöglichen konnte. Er studierte Philosophie in Wien, Florenz und Rom und war überzeugter Anhänger der *Irredentà*. Biagio Marin, ein Zeitzeuge eines Grado als Teil der österreichischen Monarchie und als mondäner Kurort, sah in seinem langen Leben aber auch zwei Kriege, die die Welt veränderten. Er wurde Lehrer, in Triest wirkte er als Bibliothekar. Hochdekoriert mit Ehrenbürgerrechten der Stadt Triest und Ehrendoktortiteln der Universitäten Venedigs und Triests geehrt kehrte er 1969 nach Grado zurück, wo er in der Zwischenzeit (1923 – 1937) auch einmal als Kurdirektor gearbeitet hatte. Als überzeugter Widerstandskämpfer betätigte er sich auch später noch wortgewaltig am politischen Leben, gründete Kulturkreise und Vereine. 1985 starb er in seinem Haus in der *Via Marchesini* 43.

Im umfangreichen Werk des Biagio Marin wurde nicht nur das Leben und die Natur der Laguneninsel verewigt, sondern auch das Gradesische, *Graisan*, das ein alt-venezianischer Dialekt ist, in dem sich auch mittelalterliche Elemente erhalten haben. Es ist ebenso kein Zufall, dass ausgerechnet Pier Paolo Pasolini, der in seinen Werken seinerseits das Friulanische, das *Furlan* festgehalten hat, zu Marins Freunden zählte. "B. Marins Dichtung ist ganz dem Lichte zugewandt, die hat keine Innenflächen", sagte er über ihn.

Nach wie vor gilt Marin selbst in der italienischen Literatur als Geheimtipp und ist doch einer der wichtigsten Poeten des 20. Jhs.; man könnte seine Lyrik veraltet nennen, aber gerade daraus bezieht sie ihre Faszination. Auch wenn man sich nicht auf seine Gedichte einlassen mag, so birgt doch seine vierteilige Prosasammlung „L'ísola d'oro" den Schlüssel zur Seele der Stadt und ihrer Menschen. Obwohl die deutsche Übersetzung sperrig klingt, schimmert seine Aus-

Die Lagune hat
viele Gesichter.

druckskraft durch die Unbeholfenheit der Übersetzung, die sich zuerst den Weg ins Italienische und weiter ins Deutsche bahnen muss. Und so ist er zu dem geworden, was er angestrebt hatte: Angesprochen auf die Enge, die er mit der eingeschränkten Verständlichkeit des *Graisan* wählte, meinte er: „Ich wollte die Stimme meiner Insel, die Stimme Grados sein, und sonst nichts."

Das Meer, die Lagune, die Traurigkeit, die Einsamkeit und die Armut der Menschen – Marin hat dies alles in Worten eingefangen und unsterblich gemacht. Ein kleiner Ausflug in das Werk des Dichters öffnet ein Fenster zum Grado einer noch gar nicht so lange verflossenen Zeit.

So schrieb er - auszugsweise zitiert:

... über die Einsamkeit
„Unsere tausendjährige Isolation auf einem aus dem Meer tauchenden, schmalen Sandstrand hat uns gezwungen, von der Fischfangzeit abhängig zu sein, die Isolation hat uns zu Fischern gemacht. An die Sandbänke und Inseln der Lagune klammern sich unsere armseligen Hütten. Die Fischer haben oft schreckliche Hunger, doch niemand von ihnen hat je bedacht, jene winzige aus dem Wasser ragende Insel zu bebauen. Wenn wir wegen des Unwetters weder fischen noch hinausfahren können, schlafen wir oder lassen unseren Blick stundenlang über das Meer schweifen, als ob wir es nie gesehen hätten ..."
„Wir sind auf der Welt um zu fischen, und mit dem Boot zu segeln. Die Tatsachen und die Verhältnisse unseres Lebens sind einfach und unerbittlich: Gott, das Meer, der Fischfang, die Geburt, die Ehe, der Tod. Und der Hunger. Das ist alles."

... über die Mütter

„*Die Jugendlichen sind die Schätze dieser armseligen Frauen. Ich denke an die gedankenarmen und faulen Männer. Für sie ist der beste Bissen bestimmt und deshalb wird am Essen der Kinder gespart, damit sie sich Tabak kaufen und täglich ein Viertel Wein trinken können. Für die Mütter ist nur ein Bissen Polenta bestimmt, falls etwas davon übrig bleibt, sonst nur ein vertrockneter Rest. Damit ihre Kinder modisch gekleidet auf der Promenade spazieren gehen können, gehen die Weiber im Sommer und im Winter im Regen und in der Sommerhitze barfuss auf den Wegen des Festlandes mit einem Korb voller Fische auf dem Kopf und einem Körbchen in der Hand. Bis zu den Knien und noch darüber hinaus versinken sie im Schlamm, indem sie sich emsig bemühen, Leckerbissen aus den Fischgründen zu sammeln. Oft tun diese Frauen alles, um ihre Not und ihre Armut zu verbergen. Die anderen wissen nicht, wie sie voller Liebe und immensem Heroismus die täglichen Schwierigkeiten überwinden müssen.*"

... über den Gesang

„*Die Menschen meiner Insel singen nicht gern, weil sie zu traurig sind. Wie die Istrianer und die Friulaner haben sie musikalisches Talent, aber das harte Leben hat ihnen die Freude an der Musik vergällt. wenn überhaupt, dann singen sie nur in der Kirche und auch da singen meistens Frauen und Kinder; die Männer singen in der Osteria, wenn sie viel getrunken haben. In der Nachkriegszeit hat das Elend sie aber bis aufs Blut gepeinigt, dass sie nur selten Wein trinken konnten. Sie haben keine Lebenslust und wenn sie sprechen, murmeln sie und drücken sich mit Wortfragmenten aus. Zu Hause singen nur die Mädchen, auf den Straßen nur die Kinder.*"

... die Segel

„Ich erinnere mich, dass jedes Jahr, wenn die Segel unter dem Knarren der Rolle und dem Knirschen des Mastes und der Rahen aufgezogen wurde, in allen Seelen eine geheime, starke Hoffnung erweckt wurde: solange die Segel über das Meer fuhren, konnte man Gutes erwarten, und diese brennende Hoffnung erwärmte unsere Herzen wie die Frühlingssonne. Jahrhunderte lang waren sie unsere Flügel, unsere Seele. In unseren Häfen haben sie als Schmuck gedient: wie Blumen haben sie den riesigen, blauen Himmel verziert. Sie sind unsere fröhlichsten Lebensgefährten." (alle aus: Biagio Marin, „Grado, die von Gott begnadete Insel", Edizioni della Laguna)

Heute sind die Segel knatternden und stinkenden Motoren gewichen und mit ihr ein Gutteil der – ohnehin trügerischen - Romantik aus den Häfen verschwunden. Aber die alten Fischerboote gibt es noch immer, und noch immer sind die Fischer damit beschäftigt, ihre Kähne auf Vordermann zu bringen und ihre Netze zu säubern und zu reparieren. Grado ist im Herzen ein Fischerdorf geblieben. Und hat sich darüber das lukrative Mäntelchen eines erfolgreichen, internationalen Ferienortes gelegt, der all seine Vorteile in klingende Münze umzusetzen weiß: Das Meer, das einst zerstörerisch an den Ufern nagte, ist gebändigt, der kilometerlange goldene Strand zu einer Touristenattraktion ersten Ranges geworden, die Isolation der Insel mit einer bequemen Dammverbindung ans Festland durchbrochen. Das romantische, aber bitterarme alte Grado ist einem modernen, selbstbewussten Tourismusort gewichen, seine Wurzeln wird es auch dank seines großen Sohnes nicht vergessen.

Das Hotel Villa Reale erinnert an Grados k.u.k. Zeiten.

DEM MEER ENTRISSEN – AUF SAND GEBAUT

Wann genau der erste Erholungsurlauber seinen Fuß auf die Laguneninsel gesetzt hat, werden wir wohl nicht mehr in Erfahrung bringen können. Faktum ist, dass heute die zentrale geographische Lage und das angenehme Klima Grados die Hauptargumente für jene Scharen von Menschen sind, die alljährlich die Betten der „Goldenen Insel" füllen. Und natürlich lieben Grados Besucher auch die herrlichen Strände, um die ein beharrlicher Kampf mit dem Meer und den Winterstürmen geführt wird, die immer wieder an den goldenen Ufern nagen.

So richtig in Schwung kam die Entwicklung Grados zum Badeort mit den Österreichern, die den Ort 1892 durch ein k. u. k. Dekret zu einem der offiziellen Badekurorte der österreichisch-ungarischen Monarchie adelten. Aber schon vorher, nämlich 1873, wurde mit der Errichtung des *Ospizio Marino* an der *Piazza Marinai d'Italia* ein wichtiger Schritt in diese Richtung gesetzt - damals vornehmlich mit dem Ziel, kranke Kinder zu heilen. Mit den Kindern kamen die Erwachsenen und bald reichten die bescheidenen Quartiere nicht mehr aus, so dass gebaut und erneuert, neue Straßen konstruiert und der Transport erleichtert wurde.

Anfangs kamen die Gäste, nach einer langen Fahrt mit der Eisenbahn, noch meist mit dem Schiff aus Triest, auf dem zweimal täglich auch vieles an Lebensmitteln für ihre Versorgung eintraf. Es gab natürlich auch den Weg über die Lagune, der aber beschwerlich war, und auch die Anfahrt von Aquileia mit dem Dampfboot auf dem Fluss Natissa war mühsam. Zweieinhalb Stunden musste man dafür schon einplanen, wie einst Sigmund Freund feststellte, als er zur

links: Ville Bianchi
rechts: Anreise
über die Lagune
und der *Canale
della Schiusa*

Sommerfrische nach Grado aufbrach, 25 Minuten dauerte die Fahrt von Belvedere bis Grado. Aus der Richtung Triests führte über Fossalon ein dürftiges Weglein auf die Insel, das nur die Bedürfnisse des Nahverkehrs abdeckte, als offizieller Verkehrsweg aber ungeeignet war. So musste man aus Wien eine Anfahrtszeit von 13 Stunden in Kauf nehmen, aus Berlin gar 25 – kein Wunder, dass damals Wochenendausflüge kein Thema waren, sondern man lieber gleich eine mehrwöchige Sommerfrische einplante.

Bebaubarer Boden war naturgemäß ein knappes Gut auf der Insel, und ebenso kostbar war Trinkwasser. Die Lösung beider Probleme trug wesentlich zur Entwicklung des modernen Grado bei: Ab 1900 begann man, eine unterirdische Wasserader mittels artesischer Brunnen zu nutzen und Land gewann man durch die Aufschüttung vor allem in Osten der Altstadt. Ein neues Grado entstand mit Hotels, Pensionen und Villen, Wohnbezirken, Straßenzüge und Plätzen, die aus dem sandigen Inselboden wuchsen.

Was wir heute als Geschäftszentrum der Stadt erleben, wie z. B. die betriebsame *Via Europa Unita* – quasi die Hauptstaße der neuen Stadt –, entstand zu Beginn des 20. Jhs.. Ebenso die herrlichen Villen der *Viale Dante* wie die *Villa Reale*, die einst eine kaiserliche Herberge war, die *Villa Erica* und die fünf markanten Villen der *Ville Bianchi*, die erst kürzlich renoviert wurden und die ein beliebtes Fotomotiv Grados darstellen.

Dann geschah längere Zeit über nichts, was kein Wunder war, zehrten doch die Weltkriege an den Kräften des Landes und der Menschen. Erst nach dem Zweiten Weltkrieg dehnte sich Grado noch weiter in den Osten aus: die *Città Giardino*, die hauptsächlich touristischen Zwecken gewidmet war, wurde geboren. Für uns kaum zu glauben, dass auch das Gebiet nordöstlich und nordwestlich des Hafens sowie die Isola della

Schiusa dem Meer entrissen wurden. Monate- und jahrelang schütteten die *trabaccoli,* die großen Boote, die Sand aus den Flussmündungen geladen hatten, ihre Fracht in die flache Lagune. Als letztes wurde Grado Pineta erbaut, das ruhige Wohnviertel ganz im Osten, das noch immer von vielen Pinien beschattet wird und in dem viele Gradofans alljährlich ihre Ferienwohnungen beziehen.

Mit dem Bau der Lagunenstraße, den die Österreicher vor dem Ersten Weltkrieg begannen, und der Drehbrücke, die 1936 eingeweiht wurde, war die Zeit des offiziellen Inseldaseins für Grado zu Ende. Heute fährt man bequem aus Richtung Aquileia direkt auf die Insel und wird begrüßt von mittlerweile etwas in die Jahre gekommenen Schildern, auf dem sich gemalte Schönheiten hingebungsvoll und kurvenreich in der Sonne und im Wind Grados räkeln.

Auch aus dem Osten kommend, fällt es heutzutage gar nicht auf, dass man sich im Anmarsch auf eine Insel befindet: die Brücken über den Isonzo und den Primero erlauben einen ungehinderten Zugang. Die moderne Stadt ist längst um vieles größer als die kleine *Città Vecchia,* die noch immer den Eindruck erweckt, als ducke sie sich schutzsuchend vor Sturm und Meer. Ungeachtet der Größenverhältnisse liegt aber dort noch immer die ursprüngliche Seele Grados. Eine blendende Idee der Stadtväter ist jedenfalls das Fahrverbot, das hier und in den strandnahen Nebenstraßen ebenso wie im historischen Zentrum gilt und das Bummeln zum abgaslosen Vergnügen macht.

Rund um *Via Europa* und *Via Dante* putzt sich Grado besonders fein heraus.

DIE STADTTEILE GRADOS

Von Porto San Vito bis Pineta erstreckt sich das heutige Grado. Immer jüngeren Datums sind die Siedlungen, je weiter sie den Lebensraum im Osten und in der Lagune erobern, den man der Natur mühsam abgerungen hat.

Città Vecchia und das Grado aus der Zeit bis 1914

In der *Città Vecchia* ist man zu Fuß unterwegs – oder mit dem Fahrrad, wie es die Einheimischen vorzeigen. Oft auf skurrilen, altertümlichen Modellen, doch der Drahtesel tut seinen Dienst und es gibt hier kein geeigneteres, billigeres und umweltfreundlicheres Fahrzeug. Überall sieht man sie an die Mauern gelehnt, wenn man durch die engen Gassen und über die malerischen Plätzchen schlendert und dabei hübsche Erker, blumengeschmückte Fensterchen und vorwitzige Kamine bewundert, die sich gegen den Himmel recken. Hier frönt man abends vorrangig den kulinarischen Genüssen in den unzähligen Lokalen und erfreut sich des pittoresken und stimmungsvollen Ambientes der uralten Lagunenstadt.

Teil dieses Ambientes ist wohl auch die Vorliebe der Gradeser für Vereine wie jener der Blut- und Organspender oder die Fischervereinigung „Graisani di Palù" in der *Calle Mercato* - und vor allem die dazugehörigen Vereinslokale, in deren schlichtem Ambiente so manches Gläschen über den Tresen wandert. Wer sich an einem der winzigen Tische der Kneipe „Al Baitan" niederlässt (an der Ecke *Campo San Niceta*), hat die Chance, bei einem feinen Glas Wein (hier werden offene Weine von Edi Keber, Venica & Venica, Lis Neris, Princic u.a. ausgeschenkt!) Zeuge eines echten Stücks Grados zu werden: Von hier aus fällt der Blick auf den Eingang einer kurios anmutenden Kneipe (geblümtes Plastiktischtuch, laufender

oben und links: Alte Fischertradition und moderne Yachten im Hafen
rechts unten: Geliebtes Fortbewegungsmittel der Gradeser

Grado - der nahe Süden zu jeder Jahreszeit

Fernseher, Fichtenholzvertäfelung), die offenbar ausschließlich von einheimischen Originalen frequentiert wird – natürlich nur von männlichen! Nacheinander trudeln sie mit ihren Drahteseln ein, die rundherum geparkt werden, und mischen sich unter ihresgleichen, kippen ein Gläschen, es herrscht ein Kommen und Gehen. Sie haben richtig geraten: Es ist keine Kneipe, sondern das Stammlokal der *„Associazione Donatori Organi"*, der Organspender Grados. Ob das Spenden der Leber ausgeschlossen ist, ist der Autorin allerdings nicht bekannt ...

Nur wenige Schritte weiter schließen mit der *Via Europa Unita* (sie hieß früher *Viale Gradenigo*) modernere Straßenzüge an, die im Zuge der Stadtentwicklung um die Jahrhundertwende entstanden und die z. B. auch die schönen Villen der *Via Dante* hervorbrachte. Der Krieg setzte dieser Entwicklung ungefähr auf der Höhe des *Parco delle Rose* und des Tourismusbüros ein Ende, bis dann schließlich die *Città Giardino* in Angriff genommen wurde. Hier putzt sich Grado besonders heraus: Wo Promenade und Flanierstraßen aufeinander treffen, laden gepflegte Parkflächen und zahlreiche Springbrunnen, schattige Bänke und eine gnadenlos der Sonne ausgesetzte riesige Meeresterrasse zum Verweilen ein.

Und es wird immerfort gewerkelt, saniert und neu gebaut, was zum Teil unschöne Lücken in das Stadtbild reißt. Vor allem im Winter sind Baustellen allgegenwärtig. Aber Grado ist eben eine lebendige Stadt und zu ständiger Bewegung und Weiterentwicklung gehören Baustellen notwendigerweise dazu.

Der Hafen

Wie ein riesiges Ypsilon ragen die Becken des Hafens in die Stadt. So haben die Österreicher ihn konzipiert, als die alte venezianische Variante nicht mehr ausreichte. Gleich mit der Altstadt ist er Markenzeichen und Ausdruck einer uralten Fischertradition. Fischer- und Sportboote haben sich die Bereiche aufgeteilt, den westlichen Teil nehmen die Fischer in Beschlag und von der Bar „Al Porto" haben sie einen guten Überblick über das Geschehen und den Stand des Taxibootes, wo die Kapitäne auf Kundschaft warten. Den Ausblick lassen sie sich noch nicht mal im Feber entgehen und machen es sich mit ihrem Gläschen vor der Bar gemütlich.

Einen Spaziergang am Hafenkanal sollten Sie nicht versäumen, vorbei an den mondänen Yachten, praktischen Taxibooten und malerischen Fischkuttern, nach wie vor Lebensgrundlage vieler Einwohner. Beim Spaziergang entlang der Mole kann man die Fischer bei ihrer Arbeit beobachten, wie sie ihre Netze reinigen und flicken und ihre Boote wieder auf Vordermann bringen. Ihre Fänge haben sie dann schon im Markt an den Mann gebracht – die große Fischhalle liegt auf der rechten Seite stadtauswärts gesehen relativ nahe am Lagunenausgang. Hier ersteigern sich die Wirte und Köche der Umgebung ihre fangfrischen Zutaten für die Tagesmenüs. Als Privater hat man zwar meist das Nachsehen, aber schon das Beobachten ist ein kleines Abenteuer, für das sich einmal Frühaufstehen lohnt – um acht Uhr sollte man schon zur Stelle sein, will man nicht vor leeren Verkauftischen stehen.

An meerseitigen Ende des Hafens liegt am westlichen Ufer (*Riva Bersaglieri*) nicht nur die *Guardia di Finanza-Mare*, sondern auch die *Mole Torpediniere* mit dem Linienschiff nach Triest. Wer unverdrossen noch weiter westwärts spaziert (die Gegend ist hier, ganz hafengemäß, nicht gerade lieblich, sie verleugnet ihre kommerzielle und zweckmäßige Ausrichtung keineswegs), kommt an Werftbetrieben und einer Segelschule vorbei bis er schlussendlich beim modernen Yachthafen *Porto S. Vito* landet. Dieser wiederum grenzt an die *Costa Azzurra*, wo der seichte Strand der Schifffahrt ein Ende setzt und die Regentschaft der Sonnenanbeter beginnt.

Isola della Schiusa
Ein junges Kind Grados, das erst vor 50 Jahren dem Meer entrissen wurde. Auf der einen Seite öffnet sich die *isola* in die östliche Lagune, zur Stadt hin ist der Canale della Schiusa Anlaufstelle für alle Ausflugswillige und Pilger, die sich Richtung Insel Barbana in die Lagune schiffen lassen wollen. Auch hier beherrschen am Ufer Boote, Werften und Schiffsbetrieb das Bild. Die mit Wohnhäusern und Apartments dicht verbaute (bis auf den *Campo polisportivo comunale*) und wenig attraktive Insel hat für Autofahrer einen großen Vorteil: Hier parkt man unbeschränkt und gratis. Ansonsten können Sie für die Stunde zwischen acht und 20 Uhr schon einmal satte € 1,50 berappen. Weiter vom Zentrum entfernte Parkplätze gibt es auch zum günstigeren Ganztagstarif.

Città Giardino
Bauten, die ihr Gründungsjahr von ca. 1960 deutlich verraten, kennzeichnen die *Città Giardino.* Hotels, Ferienwohnungen und Wohnhäuser, Supermärkte, Pizzerien und alles, was man sonst für die Nahversorgung braucht, sind hier zu finden. Bequeme Alleen und Straßenverbindungen führen rasch ins Zentrum oder an den Strand. Mit diesem Viertel machte Grados Entwicklung in den Sechzigern einen deutlichen Sprung. Auf der Höhe der *Città Giardino, Via U. Saba*, fällt noch eine Insel ins Auge, diesmal eine sehr grüne: es ist die Friedhofsinsel, die außerdem noch, wie

oben: Aufgeschüttet -
die Friedhofsinsel
unten: Viel schattiges
Grün bietet Grado
Pineta.

könnte es anders sein, eine Marina beherbergt (*Marina Le Cove*). Der Kirchhof im Zentrum war längst zu klein geworden, so dass man sich entschloss, für die Toten eine eigenes Reich innerhalb weißer Mauern zu schaffen, was in Grado bedeutet, „dem Wasser zu entreißen". In die *Via U. Saba* biegt man übrigens auch ein, um zum samstäglichen Fetzenmarkt am Parkplatz zu kommen.

Grado Pineta
Für viele Einheimische nicht mehr das „richtige" Grado: Die Siedlung aus den frühen Sechzigern, wurde in der pinienbewaldeten Ortschaft *La Rotta* aus der Erde gestampft. Sie ist geprägt durch Ein- und Mehrfamilienhäuser, Apartmentblocks, Ferienwohnungen, dazu natürlich die nötige Infrastruktur mit Restaurants, Geschäften und einem gebührenfreien Strand. Nach wie vor gibt es viel Grün und viel Schatten. Besonders Familien und Menschen, die Ruhe schätzen, ziehen es vor, etwas weiter weg vom Schuss zu sein. Wobei natürlich Ruhe hier auch nicht immer garantiert ist, zu viele Menschen sind hier des Sommers unterwegs. Wer in Grado Pineta lebt und trotzdem gerne dem Zentrum Besuche abstattet, setzt sich gern aufs Rad. Sogar in der Nacht ist der angenehme Fahrweg beleuchtet, ansonsten macht auch eine kostenlose Busverbindung den Ausflug in die „City" leicht.

Grado für Gäste - Urlaubsfreuden

- 68 Das Gold der Lagunenstadt
- 75 Flanieren und konsumieren
- 83 Thermen
- 84 Veranstaltungen
- 89 Sport zu Wasser und zu Lande
- 93 Die Lagune ruft
- 107 Die Gradeser Küche
- 112 Schlemmeradressen
- 128 Jenseits der Hauptsaison

Grado - der nahe Süden zu jeder Jahreszeit

Grados große Trümpfe:
Ein goldener Strand
und das flache Meer

DAS GOLD DER LAGUNENSTADT

Grados Hauptanziehungspunkt ist eindeutig der Strand. Oder, besser gesagt, die Strände. An zwei Abschnitten erstreckt sich kilometerlang goldener, warmer Sand, der flach und sanft ins warme Meer abfällt. Es ist schließlich kein Zufall, dass sich die Insel *Isola d'Oro* nennt!

Das Meer zeigt sich im Sommer üblicherweise von seiner besten Seite und plätschert sanft und warm und darüber hinaus auch noch sauber an die Ufer. Ein idealer Ort also für den sogenannten „Küberlurlaub" mit Kindern, die hier relativ gefahrlos nach Herzenslust plantschen und spielen können. Doch aufgepasst: so viel Komfort und Sauberkeit sind am Hauptstrand Grados nicht gratis zu haben: Für manchen weit gereisten Strandbesucher ist es wohl gewöhnungsbedürftig, von starken Gittern am freien Strandzutritt gehindert zu werden. Das Betreten ist zu Saisonzeiten nur durch die Eingänge mitsamt Kassen möglich und vor dem Strandvergnügen kommt noch das Leisten des Obulus. Der ist je nach angestrebtem Strandabschnitt unterschiedlich hoch und hängt auch davon ab, worauf und wo genau wo man liegen möchte. Am meisten kostet der exklusive

Strandabschnitt *Settimo Cielo* (der, aus dem Italienischen übersetzt, den Siebenten Himmel verspricht!) Hier ist die Anordnung der Schirme und Sessel großzügiger, es gibt mehr Platz zum Nachbarn als anderswo, Schirme und Liegen sind in noblem Weiß gehalten. Mitteleuropäischen Stil der Vergangenheit nennen es die Gradeser bzw der Strandbetreiber *Grado Impianti Turistici Spa* - was immer damit gemeint sein mag. So viel Kultiviertheit schlägt sich dann wie folgt zu Buche: Für eine Tageskarte mit 2 x Eintritt, 1 Zelt, 1 Schirm, 2 Liegebetten und 1 Liegestuhl berappt man € 56,10 (Stand 2006).

Günstiger kann man sich im Abschnitt *Città Giardino* am Strand aalen: Hier zahlt man z. B. für eine Tageskarte mit Schirm und Liegebett ab der dritten Reihe € 6, 20. Wer nur am Strand spazieren möchte und keine Utensilien und Platzrechte erwerben möchte, darf als Erwachsener um € 2,20 an den Strand, als Kind um € 0,85. Ab 15 Uhr und in der Nebensaison (Hochsaison ist von Mitte Mai bis Mitte September) sind die Preise reduziert, für den abendlichen Strandspaziergang ab 17 Uhr zahlen Sie dann gar nichts mehr, dann stehen die Tore zum Strand offen.

Schon etwas verwirrend ist die Zahl der Strand-Packages für verschieden lange Zeiträume, variable Personenzahl und gewünschte Strandreihe, die es aber andererseits ermöglicht, das passende und gleichzeitig kostengünstigste Angebot herauszufiltern. Als Gegenleistung dürfen Sie einen tadellos gepflegten Strand erwarten, ein Meer, dessen Wasserqualität seit Jahren mit der Blauen Europaflagge ausgezeichnet wird. Außerdem Umkleidekabinen, den schattigen *Parco delle Rose* mit dem Fitnessparcours, Duschen, Toiletten, Kinderspielplätze und Badewärter, Rettungsdienste und Verarztung bei leichten Verletzungen, Animationsprogramm mit Gymnastik oder Tanz, verschiedene Sportbereiche für Ballspiele, Boccia, Beachsoccer und anderes mehr.

Symbol für
unbeschwerte
Strandfreuden:
Das Seepferdchen

70 Grado - der nahe Süden zu jeder Jahreszeit

Das Ticket enthält sogar den Zutritt zu Kulturprogrammen am Strand wie „Bücher und Autoren unterm Sonnenschirm". Selbstredend, dass es auch jede Menge Kioske, Segel- und Tretbootsverleih und Windsurfschulen gibt, was natürlich extra zu bezahlen ist. Auch an Behinderte wurde mit Gratiseintritt und -parkplatz, behindertengerechten Wegen und Behindertentoiletten gedacht.

Die Blaue Flagge, auf die Grado besonders stolz ist – sie wurde bereits 16-mal in ununterbrochener Reihenfolge an die Stadt verliehen, zeichnet Gemeinden aus, die ihre Strände und Häfen umweltfreundlich instand halten und die Bedürfnisse der örtlichen Umwelt gebührend berücksichtigen. Wer sich lieber auf Testergebnisse des ADAC verlässt, dem sei gesagt, dass auch dieser renommierte Tester die Sauberkeit und Sicherheit der Strände sehr positiv bewertet.

Wer allerdings für das Stranderlebnis gar nichts ausgeben möchte, weicht an den kleineren Weststrand zwischen Promenade und dem Kanal Fossa aus: Auch hier gibt es die nötige Infrastruktur wie Duschen und sanitäre Anlagen. Auch Schirm und Liegestuhl kann man ganz nach Bedarf mieten oder seine eigene Ausrüstung mitbringen. Eintritt wird hier jedenfalls keiner eingehoben, dafür wirkt der Strand auch insgesamt etwas ungepflegter.

Auch in Grado Pineta gibt es einen Strand mit freiem Zugang. Je nach eigener Ausstattung, Geldbörse und Ansprüchen wählt man sich ein Platzerl, das entweder komplett frei ist oder man nimmt die angebotenen Serviceleistungen wie Schirm und Liegestuhl gegen Bezahlung in Anspruch.

Am Strand von Pineta haben übrigens auch die Surfer ihr Eldorado gefunden: Wenn vor und nach der Badesaison die Bora über den Strand pfeift, treffen sich hier seit Jahren die Starkwindfreaks aus dem Friaul und Kärnten. Waren es früher die Windsurfer mit ihren bunten Segeln, die auf den Wellen tanzten, sind es nun-

oben: Der Acquapark
unten: Der Strand von
Grado Pineta

mehr die Kitesurfer mit den nicht weniger farbenfrohen Schirmen an den langen Leinen, die hier ihren akrobatischen Leidenschaften frönen. In der Nebensaison dürfen auch die Autos näher an den Strand – ein Grund mehr, warum die Surfer mit ihrer sperrigen Ausrüstung diese Ecke für sich auserkoren haben.

Ein sauberer, breiter Strand, warmes, flaches Wasser, eine komfortable Unterkunft, die ihren Preis wert ist – das sind für viele Eltern die wichtigsten Argumente bei der Auswahl ihrer Feriendestination. Schön natürlich auch, wenn die Anfahrt nicht zu strapaziös ist und Pizza und Spaghetti am Abend hungrige Kindermägen zufrieden stellen. Das alles bietet Grado, und noch einiges mehr! So ist es kein Wunder, dass in Ferienzeiten Familien mit Kindern das Strand- und Straßenbild prägen. Hier haben Kinder ihren Spaß: Neben den Kinderspielplätzen am Strand und im *Parco delle Rose* lockt vor allem der Thermalwasserpark, der ergänzend zur großen Spielwiese „Meer und Strand" einen abgeschlossenen Pool- und Funbereich für Familien und Sonnenhungrige bietet. In seinem Zentrum: das 85 Meter lange Meerwasser-Erlebnisbecken, in dem es hoch her geht. Strömungskanal, Sprungbretter, 50-Meter-Rutsche, Unterwassermassage, Blubberpilze und Massagewasserfälle machen die Anlage zu einem echten Spaßbad, wie man das in einem so renommierten Badeort wie Grado auch erwarten darf. Die Liegewiesen sind von der Größe her eher bescheiden, doch wer hierher kommt, der darf ohnehin keine Insel der Ruhe erwarten! Von der zentralen Sonnenterrasse mit Whirlpool und Deckchairs hat man einen tollen Blick über das Meer – aber wie gesagt, man muss sich halt wohl fühlen in dem Getümmel. (Der Thermal-Acquapark hat als Freiluftattraktion nur in der Saison geöffnet, Mitte Mai bis Mitte September, Tageskarte für Erwachsene € 10,80, für Kinder zwischen sieben und zwölf Jahren € 5,00.)

oben: Schaufenster-
bummel in der
Viale Europa
unten: Kein Auto
stört beim Spazieren.

FLANIEREN UND KONSUMIEREN

Reichlich Gelegenheit, sich die Füße zu vertreten, bieten die Promenaden am Meer und in der Stadt. Rund um die *Via Europa Unita* lässt sich auch die Lust am Schauen und Kaufen aufs Vorzüglichste befriedigen.

Direkt am Meer spaziert man auf der *diga*, die die beiden Strände Grados verbindet. Der Damm, der ursprünglich zum Schutz Grados gegen das Meer gebaut wurde, leistet heute gute Dienste als Gästeattraktion und ist bei Sonnenuntergang der ideale Ort um ein prächtiges Farbspiel von Wolken, Wasser und Himmel zu beobachten. Die Promenade namens *Lungomare Nazario Sauro* endet bei Grados bereits erwähnter größter architektonischer Sünde, einem gewaltigen Komplex, dessen ohnehin schon scheußliche Fassade überdies konkav verbogen ist und an dem der Zahn der Zeit schon sichtbar nagt (Renovierungsversuche sind des Winters im Gange).

Auch die Steinblöcke des Schutzwalls werden fürs Fischen und für Sonnenbäder genützt, bequemer hat man es da sicher am Strand. Außerdem ist es ein eher zweifelhaftes Vergnügen, ständig die Blicke der Spaziergänger auf dem Bauch zu fühlen – was aber manche, darunter hauptsächlich Italiener nicht wirklich zu stören scheint. Tiefes Wasser erreicht man auch von hier aus nicht problemlos: dazu eignen sich am besten die Floße draußen am Meer bzw. die Molen, die weit hinaus führen.

Hunde muss man beim Promenadespaziergang daheim lassen, zugegebenermaßen würden sich die Hundehäufen auf dem kahlen, steingepflasterten Gehweg nicht besonders gut machen. Und da man der Bereitschaft der Hundebesitzer, die Hinterlassenschaften ihrer Schützlinge zu beseitigen, berechtigterweise nicht ganz traut, ist also Hunden der Zutritt versagt.

Viel zu entdecken gibt es in der Altstadt.

HUND & HERRL

Hundebesitzer müssen in Italien zumeist mit mehr Einschränkungen leben als etwa in Österreich. Auch in Grado ist das nicht anders: In geschlossenen Restaurants erlaubt der Wirt die Anwesenheit von Vierbeinern zumeist nicht, im Sommer ist es aber oft kein Problem, wenn man es sich im Freien gemütlich machen kann. Etliche Hotels und Pensionen akzeptieren Hunde (kleine haben da bessere Chancen), in der Stadt wird überall per Schild darauf aufmerksam gemacht, wie sich Hund (und Herrl) zu benehmen haben. Nämlich Hunde an die Leine und Geschäft beseitigen – was eigentlich eine Selbstverständlichkeit sein sollte. Am Strand und auf den strandnahen Promenaden ist die Anwesenheit von Kamerad Hund überhaupt verboten. Weil viele Hundebesitzer ihren Lieblingen das Strandvergnügen aber nicht vorenthalten wollen, bastelt ein findiger Strandbetreiber in Grado Pineta an einem echten Hundebad. Ins Wasser dürfen die Vierbeiner wegen der strengen gesetzlichen Vorschriften auch hier nicht. Geplant ist, die Hunde per Boot aufs offene Meer zum Schwimmen zu transportieren. (Am besten nachfragen unter Airone Strand Grado Pineta, Tel. 0431/336 506481)

Zum perfekten (Italien-)Urlaub gehört wohl auch das adäquate Einkaufserlebnis – und selbst wenn man eigentlich nichts erwerben will: Schaufensterbummeln und abendliches Flanieren gehören einfach dazu. Auch hierbei lässt sich Grado nicht „lumpen", und hält dafür das kommerzielle Zentrum rund um die *Viale Europa Unita* bereit. So steht also dem ungestörten Flanieren nichts im Wege und durchaus luxuriöse Boutiquen mit Topmarken, Schuhgeschäfte, Souvenirläden, Cafés, Bars und Gelaterias verführen zum Konsumieren. In der *Viale Europa Unita* finden sich auf

Allerlei Köstlichkeiten bietet die Markthalle.

der linken Straßenseite hafenwärts gesehen beispielsweise ein „Paul & Shark"-Laden, das luxuriöse Café „Excelsior" mit dem eleganten schmiedeeisernen Gartenmobiliar und die Topboutique „Fari" mit nicht alltäglicher, flippiger Mode und Marken wie Versace und Cavalli. Passende Schuhe gibt's z. B. bei „L'Impronta". Natürlich sind hier auch Banken, Immobilienbüros und Hotelagenturen vertreten, dazu Bars und Imbissstuben. Die Boutique „Tirelli" sticht mit der kleinen Eckmarkise und Markenware ins Auge, auch die „Virgolin" weiter Richtung Meer setzt auf Marken – hier sind es Dolce & Gabbana und Woolrich. Shops mit feinstem italienischen Schuhwerk, Schmuck, handgemachte Roben und vieles mehr finden sich noch weiter auf der Vorzeigestraße; dazwischen die traditionsreichste und größte *Pasticceria* und *Gelateria*, das „Panciera", das leider durch seine lieblose Plastikbestuhlung nicht gerade Positives zum Ortsbild beiträgt.

Weiter in Richtung Meer hat sich ein origineller Laden mit Puppenträumen und umwerfenden Kitsch eingemietet, „La Casa degli Angeli", die letzten in der Reihe sind dann schon die „Enoteca Vini Pregiati" mit den feinen Tropfen und die „Gelateria Elena". (Probieren Sie mal das Sachereis – köstlich!)

Eine weitere starke Konzentration an Shops gibt es in der *Via Dante*: Strick von Missoni, Boutiquen für Damen und Herren, Dessous, Keramik, Buchläden, ein Kino, Bars und Cafés und die „Galleria Esplanade", die nicht nur ein Geschäft mit Luxusaccessoires beherbergt, sondern auch einen sehenswerten Feinkostladen namens „Spaghetti d'Italia", das alle Delikatessen des Landes vom Parmaschinken bis zum Trüffelöl feilhält.

Auch in der *Città Vecchia* gibt es für Modebewusste eine Topadresse: Die Boutique „Riva C." ist in die Nähe des Domes übersiedelt und einen näheren Blick wert, allerdings eher für Damen mit wohl bestückten Brieftaschen. Bei „Maoleo",

Frischer Fisch steht in Grado im Mittelpunkt.

ebenfalls in der Nähe des Kirchenplatzes, finden sich exotische Lampen und Einrichtungsaccessoires. Ansonsten halten sich hier die Adressen für Modebewusste in Grenzen, es sei denn, die kleinen Textilläden, die sich hinter alten Mauern verbergen, treffen zufällig auch Ihren Geschmack.

Vor allem an den äußeren Stadträndern finden sich aber auch Bioladen, Parfumerie, Fleischhauer, Schuster und so einige andere nützliche Läden. Fisch bekommen Sie frisch in der *Pescheria* am Ausgang der Altstadt zum Hafen hin, ein guter Obst- und Gemüseladen hält seine Schätze in der *Via Conte di Grado* feil. Wein bekommen Sie auch in den Enotheken, wo Sie den guten Tropfen auch gleich verkosten können. Käseliebhaber werden sich auch über die Existenz des Geschäftes „Latte Carso" freuen – zu finden an der Ecke der *Via A. Manzoni*, die den Canale della Schiusa mit dem Hafen verbindet. Auch wer gerne in der Markthalle einkauft, wird in Grado fündig: Obst und Gemüse, Weine, Käse und andere Delikatessen werden hier angeboten (*Piazza Duca d'Aosta*, gegenüber dem Lokal „Tre Corone").

Grados Therme punktet mit Meerwasserbecken und Blick auf den Strand.

DIE THERMEN: KUREN UND SCHWIMMEN RUND UMS JAHR

Der heilende Aspekt des Klimas und des Meerwassers begründete einst die Karriere Grados als Kurort. Die berühmten Sandbäder waren bereits in der Antike bekannt und stellen das älteste Kurverfahren der Thalassotherapie von Grado dar. Besonders bewährt hat sich diese bei Arthrosevorbeugung, Rheuma und in der Behandlung traumatischer Erkrankungen.

Die Therme in der heutigen Form entstand 1974, wurde aber inzwischen restauriert. Trotzdem ist nicht zu übersehen, dass die Anlage inzwischen in die Jahre gekommen ist und mit modernen Wellnesstempeln nicht mehr recht konkurrieren kann. Das angebotene Programm ist dennoch beachtlich: Das Thermalbad mit den zwei Becken und den großen Fenstern mit Meeresblick ist mit beheiztem Meerwasser gefüllt, Sauna, türkisches Bad und Fitnessbereich gehören ebenso zu den Einrichtungen. Dazu gibt es Kurse, Massagen, Kosmetik, Solarium und alles, was so dazu gehört. (Das Hallenbad hat täglich von 10 bis 20 Uhr geöffnet. Betrieb auch im Winter! Zwei Stunden kosten für einen Erwachsenen € 8,50, Info-Tel. 0431/899256)

Auch der Thalasso-therapeutische Kurbereich bietet eine Vielzahl von Anwendungen wie z. B. Ozonbäder im erwärmten Meerwasser, Inhalationskuren, Sonnenbäder, Physiotherapie, Diagnostik, die bereits erwähnten Sandbäder, unter anderem ideal gegen die Nachwirkungen von Sportverletzungen und Unfalltraumen sind. Der Sand für diese Sandbäder, die so genannte Psammatherapie, stammt übrigens nicht einfach vom Strand, sondern aus den Tiefen der Adria und weist eine Zusammensetzung auf, die es nicht allerorts gibt. Der Sand muss nämlich die Wärme von 50 bis 60 Grad Celsius optimal an den Patienten abgeben. Dazu müssen Sonneneinstrahlung und Südausrichtung optimal sein, Bedingungen also, die Grado bestens erfüllt. Von weit her kommen die Patienten, um sich freiwillig bis zum Hals eingraben lassen, den Kopf von einem kleinen Dach vor der Sonne geschützt. Nach zwölf Bädern hat die Behandlungsmethode ihre maximale Wirkung erreicht und die Beschwerden sollten Schnee bzw. Sand von gestern sein. Einst stellte die Kurgästeschicht einen wesentlichen Bestandteil der Klientel Grados dar. Durch die wachsende Konkurrenz und die abnehmende Zahlungsbereitschaft der Krankenkassen verlor der Kurbereich als Gästebringer in den letzten Jahren an Bedeutung.

VERANSTALTUNGEN: VON EROS BIS ZUM CHORGESANG

Vor allem in der Hochsaison kann man sich über mangelndes Angebot nicht beklagen: Klassische und Popkonzerte, Operetten, Theater, Ausstellungen, Filmkultur und Literaturveranstaltungen bieten eine reiche Auswahl für Unternehmungslustige.

Attraktive Veranstaltungsorte gibt es ja schließlich genug: Sommerarena und Freiluftkino im *Parco delle Rose*, das Kongresshaus, das *Auditorio Biagio Marin* (am Beginn der *Spiaggia Azzurra*), die ehrwürdige *Basilica Sant'Eufemia* oder ganz einfach am Strand und auf den Plätzen der Stadt. Die Veranstaltungsreihe „*Biblioteca in spiaggia*" hat sich einen Namen gemacht, bei der im Juli Bücher und Autoren im Mittelpunkt stehen, und zwar, wie der Name schon sagt, einfach am Strand. Der Juli ist überhaupt eine Blütezeit für literarische Veranstaltungen: Es gibt auch die Serien „*Libri e autori a Grado*" (Bücher und

Autoren in Grado), *„Incontri al Caffè Letterario"* (Begegnung im Literaturcafé), und *„Libri in barca"*, (Bücher auf dem Schiff). Sehr verlockend, aber leider nur teilweise auf Deutsch. Das Schöne bei Musikveranstaltungen: hier fällt das Sprachproblem nicht ins Gewicht. Im Sommer 2006 war die Botschaft Eros Ramazzottis jedenfalls gut verständlich; bei den Kleinen findet das „Alpe Adria Puppet Festival", das alljährlich im August stattfindet, großen Anklang.

Ein Streifzug durch die bunte Angebotspalette im Jahresrhythmus:

Jänner
Il ritorno delle Varvuole – am 5. Jänner gedenken die Gradeser einer uralten Legende, die in die Zeit zurückführt, als die Piraten die Stadt und deren Einwohner in Angst und Schrecken versetzten und man das Unheil mit Knoblauch und Weihwasser abzuwenden suchte.

Februar
Fasching: Am *Zuoba grasso*, dem „fetten Donnerstag" wird ein historisch wichtiges Ereignis gefeiert: Es ist der Jahrestag des Sieges, den der Doge von Venedig über den Patriarchen von Aquileia errang, der 1162 die Insel bedrohte. Der Karnevalsumzug des *Manso infiocao*, der durch die Straßen zieht, erinnert an den Jahrestribut, den die Gradeser Jahrhunderte lang an die Venezianer abliefern mussten, nämlich ein Rind (*manso* bzw. *manzo*) und zwölf Schweine.

April
Schleckermäuler aufgepasst: *Chocolando* nennt sich die Messe, die sich drei Tage mit allen Varianten von Schokolade befasst.

Juni/Juli
Festival der leichten Musik

Mitte Juni
La Graisana: Nicht nur am Wasser findet diese bedeutende Segelregatta statt, die ganze Stadt feiert mit.

Information:
Comune di Grado –
Ufficio relazioni con il pubblico
Tel. 0431/898212
turismo@comunegrado.it
www.comune.grado.go.it

Grado Impianti Turistici
Tel. 0431/8991
info@gradoit.it
www.gradoit.it

Juli/August
*1. Wochenende im Juli: *Perdon de Barbana* – das größte Fest Grados beginnt bereits am Samstag, dem *Sabo grande* mit Musik, Tanz, Gesang und einem großen Feuerwerk. Am Sonntag wird das Gelübde aus dem Jahre 1237 eingelöst: Am Morgen bricht die mit Girlanden und Blumen geschmückte Schiffsprozession vom Hafen zur Insel Barbana auf.

*Literatur (siehe oben), Tanz (*Vacanze con la danza*) und „Lagunamovies": eine Hommage an Regisseure und Schauspieler des italienischen Films, an Schauplätzen im historischen Zentrum und in der Lagune.

Frecce Tricolori – ein Spektakel der Donnervögel, vorgestellt von den Piloten der *Pattuglia Acrobatica Nazionale*

* Miss Italia Wahl – gehört zum August wie der *Parco delle Rose*, wo das Event der *belle ragazze* stattfindet, zu Grado.

*Alpe Adria Puppet Festival – sieben Tage im August sind dem Puppen- und Marionettentheater gewidmet.

September
Beach Polo: Nach Dubai und Miami verewigt sich Grado mit dem internationalen Turnier in den Annalen des Polosportes.

Dezember
Giro di Presepi - Krippenschauen in Grado: Ein unvermutetes Adventvergnügen, das mittlerweile an die hundert Krippen in den verschiedensten Ecken der Stadt bietet, und jedes Jahr werden es mehr.

Gastronomisches in den Schlemmertempeln, Osterias und auf den Straßen Grados:

April/Mai: *Asparagi in Laguna* – das klassische Spargelfest

Mitte Mai: *La settimana delle seppie* – die Woche der Tintenfische

---

Juli: *Festa del pesce azzurro* – der Sardine wird im Juli gehuldigt

---

Oktober/November: *Boreto a la Graisana* – die Köche Grados kochen ihren besten Boreto.

Ein Wort noch zum Kongresshaus, das natürlich auch als Veranstaltungsort in Erscheinung tritt: Unübersehbar und leider ziemlich hässlich thront es mit seinen kahlen Betonmauern im *Parco delle Rose*. Dennoch erfüllt es eine wichtige Funktion in Grados Tourismusmaschinerie, bietet es doch mit dem Auditorium mit über 1023 Plätzen, zwei kleineren Säle und zeitgemäßer technischer Ausstattung die nötigen Voraussetzungen für die begehrten Kongresse, Seminare und Veranstaltungen, die Grados Wirtschaft insbesondere vor und nach der Hauptsaison beleben sollen.

Eine der schönsten Veranstaltungen findet jeden Sonntag statt – ohne Eintritt, dafür mit Spende in den Klingelbeutel. Es ist die Messe in der *Basilica Sant'Eufemia*, die generell als Veranstaltungsort sehr geschätzt wird, wobei hier Chorgesang besonders beliebt ist. Des Öfteren erklingen unverhofft wunderschöne Stimmen aus dem Dom, wenn Chöre – nicht selten auch aus dem nahen Kärnten – ihre Lieder zum Besten geben. Manchmal ist es aber auch Orgelmusik, die weithin hörbar durch die Gassen tönt.

Überhaupt ist der Dom viel mehr als ein Gotteshaus, in dem die Gradeser sonntags artig ihre Pflichtgebete absolvieren. Er ist unübersehbarer

Teil ihres Lebens, den sie in der Saison mit den Gästen teilen, die sich in Massen in die kühlen Halle drängen. Im Oktober versammeln sich übrigens Hund und Katz, Meerschweinchen und Kanarienvögel mit ihren Besitzern vor der Kirche, dann nämlich ist die Segnung der Tiere angesagt.

Bei der Sonntagsmesse um 10 Uhr ist die Kirche gesteckt voll: im Sommer mit einer bunten Mischung aus Einheimischen, die ihr gutes Gewand hervor geholt haben und den Touristen, die meist nicht ganz so fein auftreten. Der Pfarrer macht keinen Unterschied, zu zweit kämpfen sich die Gottesmänner bis zum Eingang vor, um auch noch dem letzten Bereitwilligen den „Leib Christi" zukommen zu lassen. Und im Hintergrund wartet schon der Chor auf seinen Einsatz, der die eigentliche Sensation der Messe darstellt: eine Sangesgemeinschaft aus alten, wettergegerbten Fischern, die voller Inbrust die Messe mit ihren ungeschulten, kräftigen Stimmen mit traditionellen Liedern begleiten. Von ganzem Herzen erklingt ihre *Madonnina del Mare*, ihre Hymne an die Mutter Gottes des Meeres, am Schluss der Messe. So anrührend und bewegend, dass sich gar mancher beim Verlassen der Kirche verstohlen die Augen tupft. Wie erzählt uns Biagio Marin über den Gesang seiner Landsleute: „Sie singen nicht gern, denn das harte Leben hat ihnen die Freude daran vergällt. Nur in der Kirche erheben sie ihre Seelen zum Himmel ..."

SPORT ZU WASSER UND ZU LANDE

Wer will schon im Urlaub nur auf der faulen Haut liegen? Wenn Sie Ihre kostbare freie Zeit nutzen wollen, um Ihren Körper zu stählen, finden Sie in Grado reichlich Gelegenheit dazu.

Wassersport versteht sich für einen Badeort an Meer wohl von selbst – neben Schwimmen und Kanufahren zählen dazu vor allem Yachting und Surfen. Segler und Windsurfer schätzen die Starkwinde im Frühjahr und im Herbst, die Kitesurfer haben ihr Eldorado in Grado Pineta gefunden. Für Anfänger kommt das laue Lüfterl des Hochsommers gerade recht und auch der Kontakt mit dem Wasser ist dann wesentlich angenehmer. (Segeln lernen können Sie z. B. in der Marina Tenuta Primero, wo sich auch der Yacht Club Grado niedergelassen hat. Tenuta Primero, Tel. 0431/896966 www.tenuta-primero.com)

Joggen – wunderbar am Strand aber auch auf den Wegen und Promenaden,

Tennis, **Skaten**, **Radfahren** – zumindest als Nahverkehrsmittel ist das Rad sehr praktisch. Wer Touren fahren möchte, sollte sich seine Route genau aussuchen, denn auf den viel befahrenen Hauptstraßen zu radeln ist nicht nur öde, sondern auch nicht ungefährlich. Ein Aufbruch nach Osten hin ist jedenfalls einladender als die Route über die stark befahrene Lagunenstraße - und setzen Sie (sich) lieber auf ein robustes Mountainbike, wenn Sie die Landschaft und die Naturreservate erobern möchten. Ihren Renner lassen Sie für solche Zwecke lieber im Stall.

Neue Radwege sind jedenfalls im Entstehen und werden mehr. Ein besonderes Erlebnis ist das Radfahren zu den und durch die Naturschutzgebiete östlich von Grado, wo man bis zur Isola della

oben: Kite-Surfer
hoffen auf Starkwind.
unten: Radeln ganz
gemütlich

Cona radeln kann. Auch das Hinterland der Lagunenstadt bietet mit dem Rad neue Perspektiven, wenn man vorbei an flachen Feldern und Wiesen, Agrikulturen und Weingärten, ländlichen Osterias und stattlichen Weingütern rollt und manchmal darüber staunt, wie weit entfernt von jeder Zivilisation man sich fühlt. Die flache Landschaft macht es jedenfalls auch weniger sportlichen Naturen leicht, mit dem Drahtesel auch weitere Touren zurückzulegen – Kräfte raubende Steigungen brauchen Sie hier nicht zu fürchten!

Ein netter Rad-Ausflug könnte Sie z. B. zu den Fischgründen des Valle Cavarera führen, das nach Grado Richtung Monfalcone auf der linken Seite liegt. Ein Damm führt mit Blick auf die Insel Barbana und die Lagune entlang der Ufer des Valle Artalina, bis man sich über den Canale di Primero dem Gebiet des Golfplatzes und der großen Campingplätze nähert. (Nur mit robustem Rad!) Wer eine größere Tour vorhat, wendet sich weiter Richtung Monfalcone, wo die Naturschutzgebiete des Val Cavanata und an der Isonzomündung warten, wer sich auf eine etwa zweistündige Tour beschränken will, fährt wieder Richtung Grado zurück, wobei man diesmal die Meerseite wählen könnte.

Reiten: Im Naturschutzgebiet auf der Isola della Cona warten die weißen Camarguepferde – mit ihnen kann man sowohl Ausritte ins Reservat unternehmen als auch Reitunterricht buchen. Einen Landausflug kann man mit einem Besuch beim Landgut „Ai vecchi ippocastani" verbinden, wo ebenfalls Pferde warten und dazu auch noch aufgekocht wird.

Golf: Ein guter Grund für die nördlichen Nachbarn, auch im Winter nach Grado zu fahren: Hier spielt man fast das ganze Jahr, wenngleich es im Jänner schon recht frostig werden kann. Auch mit Bora müssen Sie zu dieser Jahreszeit rechnen,

Information:
*Ai vecchi ippocastani
Via Mazzini, 21
Joannis di Aiello,
Tel. 0431/99 206*

Grado Impianti Turistici
*Tel. 0431/8991
info@gradoit.it
www.gradoit.it*

*Platzdaten:
Tenuta Primero
Tel. 0431/896900
golf@tenuta-primero.com
www.tenuta-primero.com*

*18-Loch-Championship-
Platz, Par 72,
5746m/ 4968m
9-Loch-Executivplatz,
Par 28, 942m / 865m
Driving Range tw.
überdacht , Chipping
Green, Putting Green*

**Preise Stand 2006:
Green Fee**
*18-Loch-Platz:
Werktags
€ 50,00*

*Wochenende
€ 60,00*

*9- Loch-Platz:
€ 15,00*

**Special
Ladies Day:**
*Di 8 – 12 Uhr,
Damen schlagen
gratis ab!*

*Junior rate
bis 18 Jahre:
50%*

*Driving Range
gratis, eine Münze
für ca. 30 Bälle
€ 2,00*

und manchmal kann sich auch Nebel über die Fairways legen und die schönen weiten Abschläge verschlucken. Fällt der Winter so mild aus wie in der Saison 2006/2007, so steht dem ungetrübten Spiel auch in tiefster Winterzeit nichts im Wege. Kann sein, dass der Club dann ein paar Wochen die Tore dicht macht – das ist auf der Website nicht unbedingt zu erkennen. Aber nachdem niemand ohne vorreservierte Abschlagzeit anreisen wird, werden Sie es rechtzeitig bemerken!

Der 18-Loch-Platz liegt hinter Grado Pineta bei der großen Ferienanlage, Marina und dem Campingplatz Tenuta Primero. Und er bietet genauso viel Wasser, wie dies einem Platz in der Lagune zusteht: Schon der erste Abschlag sollte ein 165 Meter (für die Damen entsprechend weniger) entferntes Inselgrün treffen und stellt damit kein geringes mentales Problem dar. In diesem Sinne geht es weiter auf dem wunderschönen Platz, der alle Stückerln spielt. Das Wasser lauert immer und überall, daher gilt: genügend Bälle einpacken und den Platz trotzdem genießen! Ein heißer Tipp für Damen: Sie spielen am Dienstag Vormittag zum Nulltarif. Wenn sich's so auswirkt, kann man schon mal eine Golfrunde lang getrost auf Gleichberechtigung verzichten.

Einen wichtigen Beitrag zur Attraktivität des Platzes ist auch das clubeigene *Ristorante*, das „Al Casone", im ansprechenden Stil der strohgedeckten Fischerhütten erbaut. Seine Küche, in deren Mittelpunkt natürlich Fisch und Meeresfrüchte stehen, ist eigentlich einen eigenen Besuch wert und auch weithin bekannt. Ein Genuss, der die Golfrunde erst perfekt macht.

DIE LAGUNE RUFT

Es gibt Besucher, deren Kontakt mit der Lagune sich auf einen Blick aus dem Autofenster bei der Anreise beschränkt. Schade drum, entgeht ihnen doch eine der reizvollsten Perspektiven, die die Insel zu bieten hat.

Die flimmernden, glitzernden, je nach Licht in den unterschiedlichsten Farben leuchtende Lagune mit den hunderten Inseln und Sandbänken, den breiten Wasserstraßen, der vielfältigen Vogelwelt und den malerischen Fischerhütten sind eine bezaubernde Welt für sich, die es zu entdecken gilt. Und dazu muss man eben raus aufs Wasser, mitten drin sein in dem Zaubergarten der Natur, um ihn wirklich genießen zu können. Die einfachste Methode ist ein Ausflug mit den regelmäßig verkehrenden Schiffslinien, die reizvollste eine Exkursion mit einem Privatboot, mit dem man Weg und Zeit ganz nach eigenem Geschmack gestalten kann. Da nur die wenigsten das Glück haben, über ein solches Gefährt zu verfügen, gibt es noch die Möglichkeit, sich ein solches zu mieten oder sich eines Taxibootes zu bedienen. Letzteres ist je nach gewünschtem Weg nicht die günstigste Variante, aber sicherer als die Erkundung auf eigene Faust, vor allem, wenn man kein erfahrener Seebär ist. Es gibt zwar Karten, doch hat die Lagune ihre Tücken und Untiefen, auf die man leicht auflaufen kann. Das Wetter kann kippen, der Wind auffrischen und auch das Anlegen ist oft nicht ganz leicht, gibt es doch keineswegs überall komfortable Stege und eine hilfreiche Hand beim Landen. Doch zurück zur Lagune selbst: Sie reicht im Osten von Fossalon bis in den Westen nach Porto Buso, was die stattliche Länge von 17 Kilometern und die Fläche von ca. 100 Quadratkilometern ergibt. Die Lagunenstraße teilt sie in das den *palù de sora* (Ostteil) und den *palù de*

oben: Viel Wasser
am Golfplatz
unten: beste
Aussicht vom
Ausflugsschiff

soto (Westteil). Das Wasser ist nur schwach salzhältig, das Süßwasser der Flüsse vermischt sich mit dem Meereswasser. Nur an wenigen Stellen ist es tiefer als einen Meter – und bei Ebbe bleiben manchmal nur wenige Zentimeter übrig. Kein Wunder also, dass hier bei Bootsfahrten genaue Ortskennntnis gefragt ist!

Die Landschaft selbst ist einer ständigen Veränderung unterworfen. Durch den Anstieg des Meeresspiegels, Überschwemmungen und Erosionen ging viel Land verloren, auch wurde nach den römischen Zeiten die Pflege des ausgeklügelten Kanalsystems vernachlässigt, das viel Land trocken gehalten hatte. Kurz gesagt, einst gab es mehr Land und weniger Lagune als heute. Mit dieser Entwicklung gingen ganze Inseln oder Teile davon verloren, und damit auch die Schätze, die die Menschen darauf schufen. Von den Kirchen und Klöstern auf San Andrea, auf San Giuliano, auf San Pietro d'Orio und auf der Insel Gorgo (gleich rechts neben der Lagunenstraße von Belvedere kommend) sind nur noch kümmerliche Reste oder gar nur mehr Erinnerungen geblieben.

Einen besonderen Akzent setzen die Fischerhütten, die *casoni* oder *casuni* der Lagune auf. Was wir heute als entzückend malerisch empfinden, sind Zeugen eines Lebens, mit dem niemand von uns je freiwillig tauschen würde, so elend, einsam und hart fristeten die Fischer und ihre Familien damals ihr Dasein (siehe auch oben genannte Auszüge aus Biagio Marins „Grado, die von Gott begnadete Insel"). Fabriziert aus den Materialien, die das Umland hergab, nämlich aus Holzpfählen, Schilf und Stroh, waren diese armseligen Unterkünfte meist fensterlos und bestanden nur aus einem Raum, in dem die ganze Familie oder gegebenenfalls der Fischer allein lebte. Oft verbrachten die Fischer nämlich die Arbeitswoche hier allein, während ihre Familien in bescheidenen Quartieren in Grado auf die Rückkehr des Familienvaters warteten.

Unberührte Natur
in der Lagune

FISCHFANG IN DER LAGUNE

*Eine traditionelle Methode ist die **pesca delle serraglie**, die Zaunfischerei. Dabei setzen die Fischer feinmaschige Netze in die Kanäle (früher kamen verflochtene Weidenzweige zum Einsatz), die den Fischen den Weg abschneiden und sie in ausweglose Gewebesäcke leiten, wenn sie mit der Ebbe wieder hinaus in tiefere Gewässer streben – leichte Ernte für die Fischer. Aber dies ist nicht die einzige Methode, zu den Schätzen des Meeres zu kommen. Je nach Ort, Zeit und Wasserstand wird auch mit Netzen, Standnetzen in den Kanalmündungen und sogar mit dem Arm gefischt. Das Einsammeln der Weichtiere im Winter war früher eher Sache der Frauen. Sie zogen mit den Kindern aus, um die Meeresfrüchte zu fangen und damit Haushaltskasse und Vorräte aufzufüllen.*

Die Fänge, die auf den Markt sollten, wurden von den *batelani* abgeholt, die in ihren Booten, den *batelas*, täglich die Fischerhütten abklapperten. Viele dieser Hütten sind verlassen und halbverfallen, doch heutzutage kommen sie wieder in Mode, die Inselchen mit den *casoni* – aber natürlich unter anderen Vorzeichen: einige Privilegierte haben sich ihr Inselreich als romantisches Feriendomizil bereits gesichert. Allerdings hat das Inselleben einen gravierenden Nachteil: die lästigen Mücken können vor allem in der Dämmerung zur wahren Plage werden. Doch nicht alle schreckt das ab. Pier Paolo Pasolini hatte auf der Safon-Insel ein kreatives Refugium, das ihm von der Gemeinde Grado zur Verfügung gestellt wurde. Für die ersten Sequenzen seines Films „Medea" fand er hier eine prächtige Kulisse. Die *„Associazione Graisani de Palù"*, eine Vereinigung von Fischern mit Vereinslokal in der *Calle Mercato*, hat sich die sorgfältige Verwaltung der Hütte ebenso wie die

Pflege der alten Fischertraditionen zum Anliegen gemacht. So wurde die entlegene Hütte zu einem sommerlichen Veranstaltungsort mitten in der Lagune, beispielsweise für die „Lagunamovies".

Ein Wiener Secessionist, Josef Maria Auchentaller verfiel dem Zauber der Lagune und verewigte ihn in bunten Farben. Er starb auf der Marinetta-Insel und wurde in Grado begraben. Auch Xaver Schwarzenberger wählte das Inselambiente für einige seiner Filme. „Tonio und Toinette" mit Julia Stemberger drehte er 1994 auf der berühmten Insel des Gradeser Originals Witige Gaddi, der sein Inselchen mit eigenem Brunnen, Toilette, einer Kochstelle samt Abwasch im Freien und einem Riesentisch liebevoll hegt und pflegt. Der Name *Biviaqua* stammt wohl von der Quelle, die auf den Inseln immer ein besonderer Schatz ist. Diese Hütte voller Kuriositäten hat schon viel Prominenz und Festivitäten gesehen, dennoch ist es keine öffentliche Lokalität, nur Freunde und Freundesfreunde finden hier Zutritt, wenn es Viti gefällt – was aber meist der Fall ist. Wer jedenfalls Richtung Aquileia unterwegs ist und ein Inselchen mit stolzer Kärntner Flagge (auch ein ehemaliger Kärntner Landeshauptmann war hier zu Gast und hat offensichtlich einen bleibenden Eindruck hinterlassen) entdeckt, schippert gerade an Vitis Schmuckstück vorbei ...

Früher prägten bunte Gaffelsegel das Bild der Lagune, heute sind die Segel leider verschwunden, die viel effizienteren Motoren haben sie verdrängt. Und so verkehren heute auf den Wasserstraßen der Lagune Motorboote aller möglichen Größen. Der Verkehr ist geregelt wie auf befestigten Straßen. Kurios muten die Verkehrsschilder an den Kreuzungen an, die auf Pfählen angebracht den Weg weisen, aber auch Geschwindigkeitsbegrenzungen sind üblich und werden von der Polizei durchaus streng kontrolliert.

Pilgerfahrt nach Barbana

Ein ganz spezieller Ausflug in die Lagune gehört allerdings schon fast zum Pflichtprogramm der Gradobesucher und ist auch einfach zu machen: Vom Kanal der Isola della Schiusa aus fährt zwischen April und Oktober täglich, im Winter am Sonntag, ein stattliches Ausflugsschiff auf die nahe Insel Barbana, deren berühmte „Markenzeichen", Kirchturm und Kuppel, man auch mit freiem Auge erkennen kann. Mit dieser Insel verbinden sich wunderbare Legenden und vor allem das berühmteste Fest der Gradeser, die feierliche Bootsprozession *Perdon de Barbana*, die alljährlich am ersten Sonntag im Juli stattfindet. Dann öffnet sich auch die Drehbrücke vor den Toren der Stadt, um die Prozession passieren zu lassen.

Perdon bedeutet Vergebung, denn dieser Tag soll ein Friedenstag sein und Aussöhnung zwischen Gott und den Menschen, aber auch den Menschen untereinander bringen. Welch herrlicher Anblick muss es vor der Prozession einst gewesen sein, als die hunderte von Booten noch mit bunten Segeln aus allen Windrichtungen herbei strömten, vom Tagliamento, von Caorle, von der Piavemündung, von Triest, Istrien, von der Isonzomündung, aber auch die Lagunenfischer mit ihren Ruderbooten mühten sich herbei. Sie alle wollten teilhaben an der feierlichen Zeremonie, die sie sich weder von brennender Julisonne noch von schwerem Wetter nehmen ließen. Die Ernsthaftigkeit und Feierlichkeit ist bis heute geblieben, auch wenn die Segel verschwunden sind ...

Und so soll der Überlieferung nach das Marienheiligtum gegründet worden sein: Eine hölzerne Madonna soll im Jahre 582 während eines Sturmes angeschwemmt worden sein – eine achteckige Kapelle aus dem Jahr 1858 kennzeichnet heute noch diese Stelle. Die Kirche selbst wurde, wie so oft, an der Stelle älterer Heiligtümer errichtet, möglicherweise sogar heidnischer Tempel, in dem Apollo Belenus verehrt wurde. Spätestens

Lagunenansichten mit Wegweiser und der Insel Barbana

seit dem 8. Jh. stand hier ein Benediktinerkloster, die jetzige Kirche wurde 1924 ihrer Bestimmung übergeben. Der weithin sichtbare Glockenturm ragt mit 48 Metern über die Lagune. In ihrem Innern wird der barocke Hochaltar von einer hölzernen Madonnenstatue geschmückt, die Experten dem Ende des 15. Jhs. zuordnen. Für die Einwohner Grados, aber auch im weiteren Umkreis der Venezianer, ist die Madonna von Barbana die Schutzherrin, deren Hilfe sie seit Jahrhunderten erflehen. Die vielen Votivbilder, mit denen das Heiligtum geschmückt ist, zeugen von Wundern und Heilungen. Als die Pest im Jahre 1237 wütete, gelobten die Gradeser, alljährlich im Juli zur Madonna zu pilgern – der Beginn des *Perdon de Barbana*. Festlich geschmückte Boote aller Größen, an Bord feierliche Menschen in ihren Festtagsgewändern, machen sich auch heute noch am ersten Julisonntag auf, um zu ihrer Madonna zu beten.

Wie sehr die Fischer und Seeleute himmlischen Beistand nötig haben, offenbart sich auch in der Geschichte zweier Fischer, die im Winter auf der Vogeljagd von Bora und Schneestürmen überrascht wurden. Ihr Boot kenterte und strandete an einer Untiefe, einer der Fischer ertrank wohl sofort, der Überlebende schien samt seinem Jagdhund rettungslos verloren. Doch sein Unglück blieb nicht ungehört, die Bora trug die Hilferufe der Verunglückten an den Schiusa-Kai und rüttelte die Einwohner auf, die verzweifelt versuchten, ihm zu Hilfe zu kommen. Sie fuhren hinaus, glaubten, ihn vor sich zu haben, so nah war sein verzweifeltes Rufen. Doch sie scheiterten im eisigen Sturm und mussten umkehren, um nicht ihr eigenes Leben zu riskieren. Die ganze Nacht trug der Sturm die Schreie des Verunglückten zu den Einwohnern, die vor Ohnmacht und Verzweiflung nicht aus noch ein wussten. Als der Morgen anbrach, waren die Inseln von Schnee bedeckt,

Ziel der sommerlichen Schiffsprozession: die Kirche von Barbana

die Bora hatte nachgelassen. Sofort brach man auf, um nach dem Verunglückten zu suchen. Man fand ihn tot, das Gesicht noch rosig, neben seinem trauernden Jagdhund. Die Leiche seines Begleiters wurde Tage später aus dem Kanal geborgen. Heute kennzeichnen Kreuze die winzige Insel, auf der dies geschah, unweit der Insel Barbana.

Schmausen auf den Inseln

Rein kulinarisch ist auf Barbana nicht wirklich viel zu holen, es sei denn, man nimmt mit dem dürftigen Gebotenen vorlieb oder bringt einen eigenen Picknickkorb mit, ein Vergnügen, dem vor allem Italiener mit Vorliebe frönen. Gastronomisch ist man da besser im *Ristorante* der Insel La Ravaiarina aufgehoben (am besten mit einem der Taxiboote vom Hafenbecken in Grado, von *Riva San Vito* aus, die mit Ravaiarina kooperieren). Dorthin dauert die Anreise auch nur wenige Minuten, ein bisschen Lagunenschnuppern und man ist im Paradies der frischen Meeresküche im herrlichen Ambiente eines Landhauses mit einladender Veranda.

Etwas weiter fährt man schon nach Porto Buso auf die Insel Anfora, die man mit dem Ausflugsschiff Christina (Abfahrt vom Hafenbecken, nicht von der Isola della Schiusa!) nach gut einstündiger Fahrt erreicht. Um 10.30 Uhr geht es los zur Fahrt durch die Lagune, Blick auf Vogelwelt und Fischerromantik inbegriffen. Diese Insel sollte einst nach dem Willen der Regierung Anlaufstelle für die Fischer werden, mit Häusern und einer Volksschule. Das Unterfangen war allerdings nicht sehr nachhaltig, die Häuser werden nur mehr in den Ferien genutzt. Der kulinarische Höhepunkt findet im „Ai Ciodi" statt, mehr simple Kneipe als Restaurant, wo man einfach, aber sehr gut speist.

AUSFLUGSSCHIFFE

Lagunenausflüge:
Die Motorschiff Christina (Abfahrt Hafen Riva San Vito, daher auch zuständig für den westlichen Lagunenbereich) bietet verschiedene mehrstündige Lagunenausflüge (z. B. Porto Buso oder „Inseln und Fischerhütten") an. Die Preise für Erwachsene bewegen sich zwischen € 15,00 und € 18,00, Kinder- und Babyermäßigung. In der Saison Montag bis Samstag, Abfahrt um 10.30 bzw. 15.30 Uhr.

Sonntags wird eine Lagunenfahrt mit Rast in Portobuso angeboten sowie eine Fahrt, bei der man Räder mitnehmen kann, über Portobuso und Lignano. Viel versprechend ist auch die Sonnenuntergangstour, die dreimal wöchentlich stattfindet.Nach Vereinbarung kann man die Christina auch für Gruppen und andere Ziele mieten, z. B. Aquileia.

Nach Barbana:
Abfahrt vom Canal della Schiusa, April – Oktober, täglich. Fahrt ca. 25 Minuten, Erwachsene € 5,00, Kinder die Hälfte. Das Ausflugsschiff mit Abfahrt vom Canale della Schiusa bietet auch eine ausgedehntere Lagunenfahrten mit Halt auf Barbana an, weiters Fahrten zu Fischerinseln und die Kanäle der *Laguna orientale*, also der Lagune östlich der Brückenstraße.

Mietboote:
Nautica Malusà (Nautica Online), Via Pigafetta 12, Tel. 0431/80143
Il Nolo – Via Cassiopeia 6, Tel. 0431/85221
Sea Doors c/o Tenuta Primero,
Tel. 347/2723735

Taxiboote:
Sind am Hafen zu finden, z. B. ein großer Stand vor der „Bar Al Porto". Oft werden sehr unterschiedliche Tarife verlangt – verhandeln ist angesagt! Tel. 338/6957262 oder Tel. 333/8555800

Linienschiff von/nach Triest:
Ein heißer Tipp für einen Tag in einer sehenswerten Stadt: Lassen Sie Ihr Auto stehen und fahren Sie mit dem Linienschiff morgens nach Triest (Abfahrt 10 Uhr). Am Abend sind Sie stressfrei wieder in Ihrem Ferienort und haben nicht nur einen abwechslungsreichen Tag in einer herrlichen Stadt hinter sich, sondern auch eine schöne Schifffahrt. Juni bis Anfang September dreimal täglich, Fahrpreis hin/retour € 7,50, Fahrzeit ca. 1,5 Stunden. Die Tagesrandverbindungen halten auch in Grignano/Miramare (noch eine Ausflugsidee!?) und dauern daher eine halbe Stunde länger!

Grado: Abfahrt von Molo Torpediniere
Triest: Abfahrt von Molo Peschiera

DIE GRADESER KÜCHE: VON BORETO, BRANZINO UND BACCALÀ

Ein äußerst erfreuliches - und unbestritten wichtiges - Kapitel zum Thema Grado entführt uns direkt in die heimischen Küchen, in denen vornehmlich frisches Meeresgetier in den Töpfen und Pfannen schmort. Die Abgeschiedenheit vom Festland, die Lagune und das Meer haben sich nämlich nicht nur auf das Fortkommen und das Gemüt der Menschen ausgewirkt, sondern auch auf ihren Menüplan.

Und diese Umstände können eigentlich gar nichts anderes bedeuten als eine reinblütige, ehrliche Fischküche. Ursprünglich eine Armenküche, der bekanntermaßen zu eigen ist, dass in ihr der natürliche Geschmack der Ingredienzien ganz unverfälscht zur Geltung kommt. Das Geld wurde schließlich für lebensnotwendige Dinge gebraucht, für aufwändige Zutaten und teure Gewürze blieb nichts übrig.

Die Fischer, die oft in monatelanger Abgeschiedenheit auf ihren Inseln lebten, waren auf das angewiesen, was die Natur ihnen bot – und das war an pflanzlichen Genüssen nicht gerade üppig: gekochter Löwenzahn und wilder Spargel lieferten ein paar Vitamine ebenso wie ein Mangold ähnliches Kraut, das an den Ufern der Sandinseln wächst. Manches der *casoni* hatte auch einen kleinen Gemüsegarten oder einen Schatten spendenden Feigenbaum. Die Basis der Fischernahrung war logischerweise Fisch, und zwar nicht der allerfeinste, denn diesen hatten die Fischer ja dem Bootsführer abzuliefern, der von Insel zu Insel fuhr, um die Fänge zum Markt nach Grado zu bringen. Übrig blieb die minderwertige Beute, und die wanderte in den *boreto*, in die Fischsuppe. Mit der Zugabe von Essig und Knoblauch wurde der Geschmack des nicht allzu feinen oder

Meeresküche & Pasta –
unkompliziert und
gemütlich schmeckt's
der ganzen Familie.

manchmal auch nicht allzu frischen Fisches überdeckt, der Pfeffer hingegen wurde verwendet, um den Geschmack hervorzuheben.

Zur eintönigen Fischküche kam in den letzten 200 Jahren noch weiße Polenta als kohlenhydrathaltige Kraftnahrung, die für die schwer arbeitenden Menschen auch dringend nötig war. Das Maismehl dazu erhielten sie meist im Tauschhandel gegen ihren Fang – das einzige Kapital, das die Fischer hatten. Die hier in Massen vorkommenden Wasservögel waren eine willkommene Abwechslung und Ergänzung. Heute taucht, vielleicht bedingt durch die Erwartungshaltung der Gäste, die ganz auf *capesante*, *orata* und *calamari* abzielt, Federvieh auf den Speisekarten nur relativ selten auf. Die früher mit der Entenflinte, dem *schioppettone*, vom Flachboot (oder vom Ansitz in halbierten Fässern) aus erlegten Tiere kämen auch zum Teil auf modernen Speisekarten nicht besonders gut an: wer schon würde heutzutage einen Schwan oder Pelikan verspeisen? Dennoch tauchen immer wieder Rezepte aus alten Kochbüchern auf und gegen ein Wildentchen haben wohl auch die Feinschmecker der heutigen Zeit nichts einzuwenden. Ein altes Rezept empfiehlt z. B. die Stockente mit Speck zu umwickeln und mit den verfeinerten und abgeschmeckten Innereien zu füllen, wobei hier der Majoran nicht fehlen darf!

Wer es sich leisten konnte, kaufte Gemüse aus Aquileia. Als eine Schiffsverbindung mit Triest die ersten Gäste nach Grado brachte, kam die Bevölkerung auch leichter an istrisches Olivenöl und Wein – schließlich stiegen mit den Besuchern auch die Ansprüche an die Verpflegung.

Boreto über alles

Der Armenküche der Fischer ist das schmackhafteste und traditionsreichste Gericht der Gradeser Küche zu verdanken, nämlich der *boreto*. Boreti sind mit den unterschiedlichsten Zutaten auch in anderen Regionen bekannt – so z. B. mit Safran,

Paprika und Tomaten, aber nur der „Gradeser Boreto" kommt als einzige Suppe der Adria ganz ohne Tomaten aus. Wobei die Feststellung, dass es sich dabei um Suppe handelt, schon überraschend ist, denn er wird eher wie ein Gericht mit sehr viel Sauce serviert. Diese tomatenlose Rezeptur sehen Experten übrigens als Bestätigung dafür, dass der *boreto* lange vor der Entdeckung Amerikas entstanden ist. Und weiters ist auch typisch, dass es keine einheitlichen Vorgaben für ihn gibt. Weder bei den Fischzutaten, noch bei der Kochanleitung. Im Topf landet, was das Meer und die Vorratskammer gerade hergeben. So hat jede Hausfrau, jeder Koch ein individuelles Rezept, und dennoch kommt in jedem Fall ein sehr intensiv schmeckender, sättigender Eintopf heraus.

Man muss den Geschmack nach Lorbeer, Pfeffer, Thymian, Zwiebel und Knoblauch nicht unbedingt mögen – einmal probiert haben sollte man als Gradofan den *boreto* auf jeden Fall! In Grado zählt es zur Ehrensache, dass fast jedes Lokal, ob bescheidene Osteria oder Edelrestaurant, ihn auf der Karte hat. Im Oktober und November tun sich Gradeser Innenstadtlokale auch zu einem regelrechten Boretofest zusammen, bei dem in den teilnehmenden *ristoranti* die verschiedensten Varianten verkostet werden können. Zum Testen müssen Sie ja nicht unbedingt mit üppiger Aaleinlage anfangen – versuchen Sie es mit schönem Fisch wie Seebarsch (*branzino*) oder Goldbrasse (*orata*) – und dann entscheiden Sie, ob Sie für weitere *boreto*-Experimente zu haben sind! Und falls Sie einmal einen *boreto con rana pescatrice* angeboten bekommen, machen Sie sich keine falschen Hoffnungen auf Froschschenkel (*rana* = Frosch), denn dahinter verbirgt sich allerfeinster Seeteufel!

EIN REZEPT FÜR *BORETO DE ORÀ*

Zutaten für 4 Personen:
1 kg Goldbrassen, 4 Knoblauchzehen, 5 - 6 Löffel Olivenöl, Salz, reichlich schwarzer Pfeffer, l warmes Wasser, 1/8 l weißer Balsamicoessig.

Zubereitung:
Öl und Knoblauchzehen in einen stark erhitzen Topf geben und den Knoblauch braten, bis er dunkel wird. Dann den Knoblauch heraus nehmen und die in Stücke geschnittene Brassen einlegen, salzen und pfeffern. Den Fisch anbraten und mit einem Holzlöffel umdrehen, ohne dass er zerfällt und auf beiden Seiten gleichmäßig angebraten wird. Mit Essig begießen und ihn verdampfen lassen. Wasser hinzu fügen und zu einer sämigen Sauce eindicken lassen.
Dazu passt am besten weiße Polenta.

SCHLEMMERADRESSEN

Die Dichte der Trattorias und Restaurants in Grado ist umwerfend – kaum eine Ecke, an der nicht ein Wirt seine Köstlichkeiten feilhält. Gehen Sie auf Entdeckungsreise, finden Sie Ihren persönlichen Favoriten. Egal, ob Ihnen der Sinn nach absoluter Spitzengastronomie steht, die natürlich ihren Preis hat, oder nach urigen Osterias. Oft entscheiden Sympathie und persönlicher Geschmack, manchmal auch die Tagesverfassung aller Beteiligten, ob ein Lokal ankommt oder nicht. Und so soll auch die folgende Auflistung, die keinen Anspruch auf Vollständigkeit erhebt, keine Bewertung sein, sondern nur ein kleiner Wegweiser durch den „Dschungel" der Gradeser Gastronomie.

Tipp
Die Familie Tarlao plant ein neues Lokal "La frittoria". Im Mittelpunkt einfache, ehrliche Fischküche. (Adresse und Öffnungszeiten zur Zeit der Drucklegung noch unbekannt, bitte im Androna nachfragen!)

TAVERNETTA ALL'ANDRONA

Der Gourmettempel Grados. Feinspitze schwören auf die Kreativität und Raffinesse im „Androna", so manch Einheimischer vermisst jedoch das Urtypische der Gradeser Küche und sieht sich das Treiben lieber von der benachbarten Kneipe „Cogolo" an. Fisch und Meeresfrüchte sind jedenfalls auch hier die Stars der Speisekarte. Das kleine Lokal ist nicht nur innen sehr einladend, im Freien diniert man geschützt vor Sonne stilvoll im kleinen Innenhof zwischen alten Mauern auf blütenweiß gedeckten Tischen – jenseits der kleinen Gasse. Dass die Weinauswahl hier hervorragend ist, muss man gar nicht extra erwähnen. So viel Stil und Klasse haben natürlich ihren Preis, aber schließlich speist man nicht alle Tage hier! Auch um Weihnachten/Neujahr geöffnet.

Calle Porta Piccola 4
Tel. 0431/80950
www.androna.it

Trattoria Santa Lucia

Hier wird man mit edler Meeresküche nach allen Regeln der Kunst eingekocht, die köstlichen Desserts sprengen das übliche Repertoire italienischer Speisekarten. Meisterkoch Antonio Vergaro beherrscht die Kunst des Originellen (z. B. eine hinreißende Pasta mit Sardellen und gebackenen Zwiebelringen, *capesante* mit Brandy auf Pilzen) ebenso wie das Traditionelle (z. B. *Boreto misto*). Man sitzt herrlich im Teakholz möblierten und sehr gepflegten Garten, meist zwischen einem ebenso gepflegten und gestylten Publikum. Der Ansturm ist groß, daher rechtzeitig reservieren. Nicht billig, aber exzellent!

Campo Porta Nuova 1
Tel. 0431/85639
www.santaluciagrado.it

Settimo Cielo

Edeladresse mit toller Aussicht über die Lagune vom siebten Stock des Hotel Astoria, eines der wenigen Häuser in Grado, von denen aus man das Meer sehen kann. Ein nobles Restaurant mit kleiner, aber erlesener Auswahl für besondere Gelegenheiten und bestem Service. Den spektakulären Sonnenuntergang gibt's gratis dazu.
Hotel Astoria, ganzjährig geöffnet

Località San Grisogono 3
Tel. 0431/83550
www.grandhotelastoria.it

De Toni

Gradeser Klassiker, der immer besser wird: die Edeltrattoria bietet sehr gute, ambitionierte Fischküche und ausgezeichnete Weinauswahl, dazu kommt noch ein aufmerksame Bedienung. Besonders beliebt: Tomaten-Basilikum Filet von

**Vom Meer direkt
auf den Tisch im
Insel-Ristorante
„La Ravaiarina"**

der *orata* (Goldbrasse), *Risotto al Ghiozza* (kleine Fischart) und *branzino* in der Salzkruste. Gemütliches Inneres, wunderschön der malerische Eingang durch altes Mauerwerk, bei sommerlichen Temperaturen kann man auch draußen, behütet unter einer Markise, entspannt sitzen. Geöffnet ab 1. März.

Piazza Duca d'Aosta 37
Tel. 0431/80104
www.trattoriadetoni.it

Al Casone

Ein Tipp nicht nur für Golfer (das Lokal liegt direkt am Golfplatz, wenige Autominuten außerhalb von Grado, Richtung Monfalcone), sondern für alle, die gerne in schönen Ambiente die Früchte des Meeres genießen möchten. Den außergewöhnlichen Rahmen gibt das wundervolle Gebäude ab, das ganz im Stil einer der hiesigen Fischerhütten erbaut ist. Zum Glück etwas weniger spartanisch, in seinem Innern diniert es sich nämlich überaus stimmungs- und stilvoll. Seit Ende 2006 weht durch die Küche ein frischer Wind, der noch mehr Appetit auf *capelunghe*, *branzino* & Co. macht. Ganzjährig geöffnet.

Tenuta Primero, Via Monfalcone 14
Tel. 0431/896 900
www.tenuta-primero.com

Alla Fortuna da Nico

Einst Favorit des mittlerweile verstorbenen italienischen Gourmetkritikers Veronelli, heute immerhin ein Original unter den vielen Gradeser Restaurants. Die glanzvollen Zeiten gehören der Vergangenheit an, doch wer sich an einem gewissen (nach-)lässigen Charme erfreuen kann, kehrt gern bei den Brüdern Mazzolini ein. Der Fern-

oben: schmucke Edeladresse in der Altstadt
unten: Die *Piazza B. Marin* mit den Ausgrabungen

seher läuft, die Tischdecken hängen schief, der Aufgang zum WC ist ein Abenteuer für sich. Aber der *boreto* mundet vorzüglich und der „Sossò" von Livio Felluga ist ein Gedicht. Den Hauswein lässt man lieber aus.

Via Marina 10, Tel. 0431/8047 0

Al Canevon

Ein besonders schönes, einladendes Lokal: Schöner Innenhof, gepflegtes, hübsches Stilmöbel-Ambiente im Inneren, einen Halbstock unter Straßenniveau. Auch die Küche der Familie Verginella setzt auf den Schwerpunkt „*mare*".

Calle Combato 11
Tel. 0431/816 62
www.ristorantealcanevon.it

Agli Artisti

Fischküche vom Granzevolasalat bis zu feiner Pasta, von Alessandro und Franca bestens offeriert. Unter der schattigen Laube sitzt man wunderbar, *Scarpena al forno* und Hummersuppe munden bestens.

Campiello Porta Grande 2
Tel. 0431/83081

Trattoria alla Borsa

Am Rande der Altstadt (Richtung Hafen). Am besten sitzt man im kleinen Vorgarten, dessen wenige Tischchen sich charmant ums Haus herum schmiegen. Die Innenräume sind mit allzu gut gemeinter Holzvertäfelung fast schiffskabinenartig ausgestattet. Wenn das nicht ganz Ihr Geschmack ist, genießen Sie lieber draußen schöne Pasta, gute und unverfälschte Fischküche wie

z. B. köstlichen, lauwarmen Meeresspinnensalat. Lust auf fleischliche Genüsse? Das Kalbskotelett schmeckt hier ganz vorzüglich! Auch die Preise sind sehr in Ordnung.

Via Conte di Grado 1
Tel. 0431/80126
www.trattorialaborsa.com

AL BALAOR

Ziemlich einfach und durchaus kein beliebiges Touristenlokal am Anfang der Altstadt, aus Richtung Hafen kommend. Gekocht wird natürlich auch bodenständig – kein Wunder, dass Erwin Steinhauer gerade dieses Etablissement und seinen legendären Wirt namens „Che" in seinem kulinarischen Erfolgsbuch verewigt hat. *Boreto* und ehrlichste Gradeser Fischküche.

Calle Zanini 3, Tel. 0431/80822

LA DINETTE

Eines der wenigen Lokale, die direkt am Wasser liegen, und zwar im modernen Hafen San Vito. Jenseits der üblichen Fischküche bäckt man hier auch Pizza!

Porto San Vito, Riva G.Da Verazzano 1
Tel. 0431/85100

TRE CORONE

Einfallsreiche Kreationen stehen neben den Klassikern auf der Karte, zu finden ist das *ristorante* gegenüber der Markthalle. Der ganze Platz gehört den Gästen des "Tre Corone"!

Calle Toso 4, Tel. 0431/81435

Trattoria Alla Vittoria

Hier isst man gut und unkompliziert und durchaus preiswert. Die Bedienung ist kompetent und schnell und dabei sitzt man auch noch herrlich im Freien mit bestem Blick auf die weite *Piazza B. Marin* und die Ausgrabungen, die Mauern der Altstadt im Rücken.

Via della Corte 2, Tel. 0431/80744

Al Pontil de Tripoli

Eines der wenigen Lokale mit Blick aufs Meer – pardon, auf die Lagune. Kein Wunder, das „Tripoli" liegt auf der Isola della Schiusa und nicht hinter Damm und alten Mauern. Von außen eher kistenartig, hat man von drinnen einen feinen Blick aufs Wasser und findet auf der Speisekarte die ortsüblichen Gerichte.

Isola della Schiusa, Riva Garibaldi 17/c
Tel. 0431/80285

Savial

Pizza, Pasta, Fisch, alles mit gleich bleibender verlässlicher Qualität und schneller, freundlicher Bedienung. Hier fühlen sich besonders Familien wohl. Nicht zu teuer, dazu sitzt man auf einem der kleinen, malerischen Plätzchen mitten in der Altstadt.

Campo S. Niceta 14, Tel. 0431/85160

Da Mimi

Traditions-Osteria an einem mittlerweile auch schon nicht mehr so neuem Standort. Vollgehängt mit Bildern der Bergung von der Julia Felix, des römischen Schiffes, das nach wie vor auf seine angemessene Präsentation wartet. Guter *boreto*, köstliche *Spaghetti scogliera*. Sehr ordentlich, aber nicht hochgestochen – eben deshalb gehen auch Einheimische gerne hin.

Piazza Duca d'Aosta 16, Tel. 0431/80580

Da Ovidio

Ziemlich großes, nicht allzu attraktives Lokal, in dem es einigermaßen hektisch wird, wenn es voll ist, und das ist abends im Sommer meist der Fall! Besteht seit vier Generationen, natürlich mit Schwerpunkt Meeresküche.

Via Marina 36c
Tel. 0431/80440
www.ristorantedaovidio.com

La Caina

In der Saison schwerpunktmäßig Pizzeria und Spaghetteria, weiß Sergio Damonte zu ruhigeren Zeiten vorzüglich aufzukochen. Vielleicht kredenzt er auch seinen „San Tonego", einen Gradeser Schnaps, der aus den Kräutern der Lagune produziert wird.

Campo S. Niceta 1, Tel. 0431/80172

Alla Marina

In Hafennähe, eher bodenständig als chic, dafür auch im Winter meist offen. Hier gibts vorzüglichen *boreto di rana pescatrice*. Keine Angst - Sie bekommen keinen Frosch (italienisch: *rana*) serviert, sondern köstlichen *coda di rospo*, also Seeteufel!

Piazza Oberdan 9
Tel. 0431/82513

AL DOGE

Pizza, Pizza! Zur Abwechslung: Ordentliche Pizza, ordentliche Preise. Ausnahmsweise nicht mitten in der Altstadt, sondern in einer Seitenstraße der Via Dante.

Via Donizetti 3
Tel. 0431/84144

OSTERIA AL CJAL

Unkompliziertes Lokal mit gedeckten Holztischen vor der Tür, offeriert werden rustikale Deftigkeiten und ordentlicher Wein. Liegt an der Rückseite des Hotel Astoria, zu dem es auch gehört.

Via Caprin (Hotel Astoria, s.o.)

OSTERIA AL BAITAN

Hier sind Sie bestens aufgehoben, wenn Sie ein feines Gläschen (Edi Keber, Lis Neris, Princic, Venica & Venica, alles offen zu haben) und einen Happen Schinken genießen und mitten im Geschehen sein wollen. Innen ist die Osteria winzig, draußen ein paar Tische mit Blick auf ein Vereinslokal der alten Gradeser. Grado pur.

Ecke Campo S. Niceta

Auf den Inseln

LA RAVAIARINA

Ein neues Highlight, das nicht nur köstlichen Fischgenuss, sondern auch ein wunderbares Lagunenerlebnis verspricht, ist „La Ravaiarina", das *ristorante sull'isola* (Restaurant auf der Insel), die erst seit Sommer 2006 der Öffentlichkeit zugänglich ist. Nur zehn Bootsminuten von Grado entfernt landet man in einer anderen Welt: Die Anreise ist die beste Einstimmung auf das, was kommt. Gehört doch die Lagune mit ihrer wunderbaren Stimmung zum herrlichsten, was Grado zu bieten hat . Von der eher improvisierten Anlegestelle (sie soll demnächst renoviert werden, um dem zu erwartenden Ansturm gerecht werden zu können) spaziert man wenige Schritte über die grüne Wiese zum zentralen Gutshof, der mit mächtigen Holztischen und Bänken unter einer schattigen Loggia genau das verspricht, was auch eingehalten wird: Fischküche so frisch und einfach, wie sie nur direkt am Meer schmecken kann!

Hier wurde einst sogar Vieh gehalten. Heute gibt's nur noch die Fischzucht, hauptsächlich Brassen, und Seebarsche. Was nicht in eigenen Gewässern schwimmt, liefert die Lagune. So lässt man sich hier zwanglos, aber durchaus mit Stil Heuschreckenkrebse und Tintenfisch schmecken. Oder auch saure Sardinen und zur Abwechslung mal saure Seezunge, Muscheln im Weinsud und Fisch pur. Die Kinder tollen auf der Wiese, die Erwachsenen laben sich an feinen Tropfen von Venica & Venica – das Paradies ist perfekt.

Wer kein eigenes Boot besitzt, und das ist ja leider Gottes die Regel, mietet im Hafen von Grado ein Taxiboot und lässt sich für ein paar Euro (6 bis 8, je nach Personenanzahl) auf die Insel schippern. Und noch ein Tipp: Normalerweise ist die Ravaiarina nur mittags ab 12 Uhr geöffnet, am Freitag und Samstag gibt es allerdings auch

ein Dinner unterm Sternenhimmel (lieber nachfragen, die Zeiten könnten sich auch ändern!) Am Abend unbedingt anmelden: Tel. 0431/84576; Taxi Boat von Grado Centro:
Tel. 0338/6957262

Ai Ciodi

Hier bestimmt das Ausflugsschiff den Rhythmus: Nach einer gut einstündigen Fahrt erreicht die Christina die Insel Anfora, deren Besuch nur einen Zweck hat, nämlich sich den Bauch mit frischem Lagunenfisch voll zu schlagen. Früher diente die Insel als Fischerzentrum mit Wohnhäusern und einer Volksschule, zumindest hatte die Verwaltung es so vorgesehen. Heute sind es nur noch Ferienhäuser. Im „Ai Ciodi" ist der Wein in Ordnung, das Brot frisch – und das Ambiente wunderbar einfach. Dass die Auswahl nicht groß ist, versteht sich von selbst, aber wenn das frisch gefangene Meeresgetier vom Grill her duftet, wird jeder Fischfreund glücklich sein! Zurück geht's dann bei der nächsten Runde am frühen Nachmittag, es sei denn, man bleibt noch bis das Schiff das letzte Mal vorbeikommt.

Isola di Anfora
Tel. 0337/534764 oder 0338/5679822

Abendstimmung
in der Lagune

Bars und Enotheken

Enoteca Albergo La Spiaggia

Ein feiner Ort für Absacker am Abend, aber auch nach dem Strand, ziemlich modern und stylish. Draußen sitzen im Grünen und Drink genießen. Feine Prosecco-Auswahl. Am Ende der Hauptstraße Richtung Strand, an der Ecke zum Park.

Viale Regina Elena 1

Vini Pregiati

Verspricht nicht nur „wertvolle" Weine, sondern hat sie auch! Früher ziemlich urig, heute (zum Bedauern vieler Einheimscher) supercoole Vinothek am meerseitigen Ende der *Viale Europa*. Mindestens genauso viel Wert wie auf gepflegte Weine legt Wirt Luca auf die Extra-Qualität seiner köstlichen Schinken, die wunderbar zu den friulanischen Tropfen munden. Wer will, kann aber auch Cocktails schlürfen!

Viale Europa

Enoteca In Sentina

Gute Weinauswahl, großzügig gefüllte Erdnusskörbchen fördern den Durst. Natürlich gute Happen, manchmal dürfen es auch Austern sein. In der Saison trifft sich hier Gott und die Welt. Im Durchgang vom „Ristorante St. Lucia" (zu dem die Bar auch gehört) zum „All' Androna",

in der *Calle Porta Nuova* 1 b.

In Cogolo

Gleich neben dem feinen „All' Androna" lassen sich Gäste und Einheimische gern auf ein

Gläschen nieder und haben von hier aus einen guten Überblick das Geschehen im Nobellokal.

Calle Porta Piccola 8

Al Goto

Gute Adresse zum Einkehren: Am Rand der Altstadt in Richtung Hafen lockt der malerische Eingang.

Campiello della Scala 18

Enoteca De Gustibus

Die Top-Winzer aus dem Friaul und auch aus dem Ausland. Zum Gustieren Schinken und Käse und dazu ein netter Innenhof.

Via Marina 28

Ai Patriarchi

Gleich in Kirchennähe, hier kehren Einheimische und Gäste gerne nach dem Kirchgang ein, viel Platz gibt's vor allem innen nicht, dafür ist es originell.

Calle del Palazzo

Bar Bomben

Schräg gegenüber vom Hotel Metropol ist das „Bomben" am Hafen Treffpunkt der Einheimischen auch im Winter. Das liegt unter anderem auch am Wettbüro im Lokalinneren und am exzellenten *caffè*. Außerdem hat man einen guten Überblick auf den Hafen!

Riva Campiero 10

JENSEITS DER HAUPTSAISON

Grado hat immer Saison? Nun ja, ganz so kann man das selbst als überzeugter Gradofan nicht gelten lassen. Wenn die winterliche Bora pfeift, ist's vor dem heimischen Kamin vielleicht doch gemütlicher. Aber die schönste Zeit in der Lagunenstadt ist eindeutig vor und nach dem großen Sommeransturm!

Grado im Winter ist eindeutig ein Ort, der seine Rollbalken nach einer langen, anstrengenden Saison herunter gelassen hat und sich seinen wohlverdienten Winterschlaf gönnt. Doch seit die Zahl derer, die sich hier einen Zweitwohnsitz zugelegt haben, wächst und da auch einige Hotels im Winter geöffnet haben, regt sich selbst in der kalten Saison das Leben in der Lagunenstadt, man muss nur genau hinschauen. Außerdem ist Grado eine gewachsene Stadt, deren 9.000 Einwohner auch im Winter einkaufen, zum Friseur gehen, essen und Kaffee trinken wollen – die Verpflegung rund ums Jahr ist also garantiert.

Bei vielen Restaurants ist die Angabe der Öffnungszeiten schwierig, denn die ändern sich häufig. Wer letztes Jahr um diese Zeit offen hatte, macht heuer vielleicht einrn Monat länger Winterpause, wo man letztes Jahr vor verschlossenen Türen mit der Aufschrift „*chiuso per ferie*" stand, ist man möglicherweise heuer willkommen. Auf jeden Fall gilt: Lokale, die man im Sommer wegen des Touristenansturms lieber meidet, können im Winter eine äußerst gschmackige Küche hervorzaubern. Im oft kleinen Innenraum sitzt man dann gemütlich und schmaust, was der Wirt mit Hingabe kocht (z. B. im „La Caina" auf dem *Campo S. Niceta*).

Einige der Meeresfrüchte schmecken jetzt besonders gut: *Granzevola*, die Meeresspinne, die nur im Winter und im Frühjahr gefangen werden sollte. Oder Aal, der *anguilla* oder *bisato*, ein typisches fettreiches Winteressen. Nur von Oktober bis ins Frühjahr hat er Saison, danach ist er geschlechtsreif. Auch der schrecklich anzusehende, aber köstliche Drachenkopf, der *scarpena*, kommt am besten im Winter auf den Teller, aus dem Ofen (*al forno*) ein wahres Festgericht! Die *moleca*, eine gemeine Krabbe, ist hingegen eine reine Frühjahrserscheinung, denn dann wirft das Krabbeltier für kurze Zeit seinen Panzer ab und wird zur begehrten Beute für Feinschmecker.

Doch zurück zum Winter und zu seinen Temperaturen, die alle Stückerln spielen können. Von milden Temperaturen bis 14, 15 Grad Celsius im Jänner 2007 bis zur gefrorenen, schneebedeckten Lagune, wie dies im strengen Winter des Jahres 2001/2002 der Fall war, ist alles möglich. Die immer extremer und häufiger werdenden Wetterkapriolen gehen auch an der Adria nicht spurlos vorüber ... Im Normalfall bedeutet Winter Regen, Stürme, die den Sand bis in die Stadt peitschen (nicht umsonst hat man die Schutzdämme gebaut, die Schlimmeres verhindern sollen) oder nasskalter Nebel, der bis unter die warmen Jacken kriecht.

Grado im Jahresspiegel

Im Jänner

heult die eisige Bora mit bis zu 120 km/h und müht sich ab, die Landschaft umzugestalten, Strände und Inseln abzutragen und Sandberge zu versetzen. Es ist der kälteste Monat des Jahres mit der höchsten Luftfeuchtigkeit. Auch in Grado kann Schnee fallen, und das nicht nur in den aller-extremsten Wintern wie 2002 – aber meist nur wenig, und der bleibt nicht lange liegen. Der Jänner hat auch ruhige Tage, an denen es eine Freude ist, am Meer zu wandern oder ein paar Sonnenstrahlen zu erhaschen.

Im Februar

bekommt die Sonne schon wieder Kraft, dennoch ist es ein kalter Monat, in dem Kälteeinbrüche und Bora die Temperaturen dramatisch absinken lassen können. Das Meer ist jetzt am kältesten: Es hat nur mehr elf Grad. Gegen Ende des Monats kann in einer Periode schönen Wetters ein Gradoausflug bereits zum Vergnügen werden, wenn jenseits der Bergketten im Norden die Menschen noch durch Schneematsch stapfen und man sich hier bereits die warmen Jacken von den Schultern streift und ein Gläschen Prosecco in der Sonne genießt.

Im März

sind die Vorbereitungen zur Saison schon deutlich spürbar – Ostern bringt den ersten Ansturm auf Hotelbetten und Gastronomie. Jetzt stellt sich das Wetter um, die Winde drehen auf Süd-Südwest und die Bora wird seltener und zahmer. Rückfälle in den Winter sind aber noch immer möglich!

April

Der *Scirocco*, der typische warme Sommerwind aus Süd-Südwest setzt sich immer mehr durch, er bringt die höchsten durchschnittlichen Windgeschwindigkeiten des Jahres. Die Maximaltemperaturen nähern sich der 20-Grad-Marke, dabei regnet es häufiger als im niederschlagsarmen März.

Mai

Jetzt beginnt die Zeit, in der Grado am schönsten ist. Noch nicht überfüllt, noch nicht gebeugt und gebeutelt durch eine Kräfte raubende Saison, herausgeputzt und fein gemacht, von angenehmer Außentemperatur (wenn auch die Wassertemperaturen im Mai gerade mal 19 Grad erreichen - also eher was für Hartgesottene) ist Grado jetzt ein beliebtes Ziel für Kurz- und Wochenendausflüge. Schlemmen, Stadt- und Strandbummel, Abstecher nach Duino oder Aquileia. Jetzt die richtige Zeit dazu, wenn die sommerliche Hitze noch nicht lähmt und die Touristenmassen noch nicht bremsen. Auch für Sport ist die Zeit perfekt! Erst im Herbst ist es wieder so ideal für eine Golfpartie am herrlichen 27-Loch-Platz, die Segler und Surfer haben ihre Freude mit den letzten stärkeren Winden, bevor sich die träge Sommerschwüle übers Meer legt. Joggen am Strand und auf den Promenaden ist auch tagsüber noch ein Vergnügen.

Auch der Juni

gehört noch den Genießern. Die Ausflugsschiffe haben jetzt ihren Verkehr aufgenommen, die Lagune lockt und das Meer lässt mit mittlerweile 23 Grad das Baden auch für weniger abgebrühte Naturen zu.

Juli, August

Wer kann, sollte lieber auf andere Monate ausweichen. Es ist Hochsaison mit allen Auswirkungen – schon die Anreise mit den verstopften Straßen ist mühsam. Jetzt geht es in Grado zu wie an jedem beliebigen Badeort der oberen Adria: die Bettenpreise sind am Zenit, Strand,

Grado ist auch
jenseits der
Hauptsaison
lebendig.

Straßen und Lokale übervoll. Der Duft von Sonnenöl schwebt über der Stadt, die erfüllt ist von spärlich bekleideten Touristen. Auch die besten Restaurants der Stadt müssen mitunter dem Ansturm Tribut zollen und verlieren an Qualität. Dazu kann's auch ganz schön heiß werden, Temperaturen weit über 30 Grad sind am besten unter dem schattigen Schirm oder im Meer zu ertragen. Oder in der heißen Mittagszeit im kühlen Zimmer.

Der August

hat mehr Regentage als der Juli, gegen Ende des Monats kann sich schon ein leichter Temperaturrückgang bemerkbar machen, der Herbst kündigt sich an. Das Meer hingegen hinkt der Entwicklung der Lufttemperatur wie immer etwas nach, es präsentiert sich jetzt mit 26 Grad als warme Riesenbadewanne.

September

Ab Mitte September ist die turbulente Hauptsaison zu Ende und der zweite Teil der optimalen Gradozeit beginnt, nur eben mit umgekehrten Vorzeichen, denn die Saison hat natürlich ihre Spuren hinterlassen. Die ersten kühleren Tage ziehen gegen Ende des Monats ins Land, frischer Wind aus dem Osten setzt sich wieder gegenüber seinem warmen Kollegen durch ... Manch touristischer Anbieter schließt bereits die Tore, z. B. der Acquapark und das Linienschiff nach Triest. Der Strand hingegen öffnet sie – nämlich die Tore - erst jetzt, denn ab sofort ist Grados gut gehütete Strandmeile gratis zu genießen. Die ersten Gastgeber vernageln erschöpft ihre Häuser und ziehen sich ins Privatleben zurück, um neue Kraft zu tanken.

Oktober

Ab der zweiten Oktoberhälfte muss man dann schon genauer hinschauen, will man ein nettes Plätzchen fürs Abendessen finden, die Sonntagsmesse in der *Sant'Eufemia* mit dem herrlichen

Fischerchor gehört wieder ganz den Einheimischen. Die ersten wirklich kalten Tage kündigen sich an, die Bora meldet sich machtvoll wieder zurück, aber der Oktober kann auch noch prächtig und einladend sein. Grado ist schon ruhig, zum Schlemmen und Trinken finden sich aber noch immer mehr als genug Plätze. Da hilft nur eines: hinfahren und entdecken – oder ein Telefonat riskieren und nachfragen, wenn man ganz sicher gehen möchte, dass der Lieblingswirt offen hat.

November

Er ist mit seinen 111 Millimeter Niederschlag der regenreichste Monat des Jahres. Jetzt wird's langsam ungemütlich in der Lagunenstadt. Die Bora wird noch kräftiger, der Winter ist im Anmarsch.

Dezember

Jetzt ist die Luftfeuchtigkeit mit 76 Prozent relativ hoch, Nebel machen sich breit, man fröstelt beim Spaziergang durch die eingeigelte Stadt. Und immer wieder meldet sich die Bora ... Eine neue Saison bahnt sich um die Weihnachtszeit und zur Jahreswende an. Vor Weihnachten steht der *Giro dei presepi* (Weihnachtskrippen-Tour) auf dem Veranstaltungsplan, eine ständig wachsende Attraktion. Schon an die 100 Krippen, hergestellt von Vereinen, Schulen, Unternehmen und Privaten, verstecken sich allerorts, am besten man schließt sich einer Führung an, um sie zu entdecken (vom AIAT Viale Dante 72 aus, Tel. 0431/877111). Am Hafen sorgt eine typische Fischerkrippe auf einem Boot und die herrlich geschmückte Yacht des örtlichen Yachtclubs für besinnliche Stimmung, aus den Lautsprechern ertönen Weihnachtslieder (die in dieser Form wohl eher verzichtbar sind) und in der Altstadt verkaufen Enotheken und Lokale Glühwein, Punsch und heiße Schokolade.

Viele entdecken Grado als den „einmal ganz anderen" Ort für den „guten Rutsch ins Neue Jahr". So mancher Besitzer einer Ferienwohnung will einmal am Meer feiern, einige Hotels bieten Silvesterprogramme an, und auch auf den Straßen ist es nicht zu übersehen, dass sich ein neues Jahr ankündigt. Wenn es soweit ist, seien Sie darauf gefasst, auf offener Straße von fremden Menschen geküsst zu werden – *tanti auguri di buon anno*!

Lassen Sie sich nicht davon irritieren, dass sogar in der Schilderung von Grados hoch gelobtem Klima immer wieder Bora und Niederschlag auftauchen – eines ist nämlich gewiss: Und das sind 300 Sonnentage und 2.500 Sonnenstunden pro Jahr, und der Winter ist hier allemal kürzer und milder als in nördlicheren Gefilden. Ein Hinweis zu den nachfolgend angeführten Temperaturen: Beachten Sie, dass es sich hierbei lediglich um Durchschnittstemperaturen handelt, denn auch 35 Grad sind im Sommer keine Seltenheit. Die sind dann wiederum mit Hilfe der sanften Meeresbrise leichter zu ertragen als im Landesinneren ...

Der Wind bewirkt auch, dass es selten zur gleichen Zeit feucht und kalt ist, denn wenn die Bora weht, ist es meist trocken, und Feuchtigkeit bringt der warme Scirocco aus dem Süden. Jederzeit Einblick in das Wetter von Grado haben Sie mit der Webcam, die beim Acquapark installiert ist – Einstieg über www.gradoit.it, dort erfahren Sie unter „Meteo" auch das aktuelle Wetter.

Temperaturtabelle

Monat	Durchschnittliche Meerestemperatur	Durchschnittliche Lufttemperatur
Jänner	12°	6,7°
Feber	11°	7,8°
März	12°	10,2°
April	14°	13,3°
Mai	19°	18,8°
Juni	23°	22,7°
Juli	25°	24,6°
August	26°	25°
September	23°	20,9°
Oktober	20°	17°
November	18°	12,3°
Dezember	14°	8,2°

Was gibt es außerhalb der Hochsaison?

Strand
Außerhalb der Hauptsaison wird kein Eintritt verlangt, das heißt, von Mitte September bis Mitte Mai (der genaue Termin hängt von der Lage der Wochenenden ab) ist auch der sonst kostenpflichtige zentrale Strandbereich frei!)

Thermen
Ganzjährig geöffnet, genaue Öffnungszeiten unter Tel. 0431/899309 (das gilt aber natürlich nicht für den Open-Air-Acquapark, dieser hat nur von Mitte Mai bis Mitte September geöffnet).

Wellness im Hotel
Nicht nur in den Thermen, auch in den Hotels setzt man ganz auf Wellness. Die Vier-Sterne-Häuser „Astoria" und „Savoy" bieten wahre Oasen der Entspannung, in denen man die Sonne tagelang nicht vermisst. Andere, wie „Hannover" oder

"Metropole", die ebenfalls (fast) das ganze Jahr geöffnet haben, verfügen zumindest Sauna oder Dampfbad.

Hotel Astoria
Tel. 0431/83550 (Thalassotherapeutisches Zentrum, Hallenbad), ganzjährig

Hotel Savoy
Tel. 0431/897111 (Hallen- und Freibad, Kur- und Beautyabteilung), Ende März bis Mitte November geöffnet

Hotel Hannover
Tel. 0431/82264 (Fitnesszentrum, Sauna, Whirlpool, Solarium), ganzjährig

Hotel Metropole
Tel. 0431/876207 (Dampfbad, Hydromassage), außer Jänner ganzjährig

Golfclub
Eigentlich rund ums Jahr geöffnet, im Jänner, wenn es auch hier ungemütlich werden kann, u. U. auch für einige Wochen geschlossen! (Achtung, steht nicht unbedingt auf der Homepage. Auch hier wird spontan entschieden).
Tel. 0431/896900
www.tenuta-primero.com

Italienisch in Grado
ganzjährig und individuell maßgeschneidert.
Tel. 0320/4791397
Fr. Valdemarin
www.promhotels.net

Lagunenschifffahrt
Fahrten nach Barbana: von April bis Oktober nach Sommerfahrplan, November bis März sonntags Lagunenausflüge: Anfang Juni bis Ende September.
Tel. 0431/80115 und 0431/814112
Linienschiff Triest
Juni bis Anfang September
Tel. 800/955957
www.aptgorizia.it

Naturreservate
Ganzjährig, aber teilweise geänderte Öffnungszeiten

Valle Cavanta
Besucherzentrum
Straße Grado/Fossalon, Tel. 0431/88272
www.park.it/riserva.vallecavanata

Von Oktober bis März
Dienstags und Donnerstags 9 – 12.30 Uhr
Sonn- und Feiertags 10 – 16 Uhr

Riserva Foce dell'Isonzo
Geöffnet von 9 bis 17 Uhr außer Donnerstags, im Sommer auch länger.
Zufahrt von der Strada provinciale Grado/Monfalcone, an der Isonzobrücke nach rechts.
Tel. 0432/998133,
www.foceisonzo.it
www.isoladellacona.it

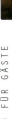

Weihnachtskrippe italienisch interpretiert: beim *Giro dei presepi*

Ganzjährig geöffnete Hotels (Achtung, auch diese Öffnungszeiten können sich ändern!)

4 Sterne
Hotel Astoria, Tel. 0431/83550
Hotel Hannover, Tel. 0431/82264
Hotel Metropole, Tel. 0431/876207 (außer Jänner)

3 Sterne
Alla Città di Trieste, Tel. 0431/83 571
Marea, Tel. 0431/81206
Villa Carla, Tel. 0431/82945

2 Sterne
Euromeublé, Tel. 0431/85360
Tognon, Tel. 0431/81154

Aquileia
Die Sehenswürdigkeiten von Aquileia sind das ganze Jahr zu besichtigen, für die Basilika sind die Besuchszeiten auf den Vormittag beschränkt, der Campanile ist im Winter geschlossen.
Information Aquileia

Piazza Capitolo 4
Associazione Pro loco, Tel. 0431/91087
info@aquileia.net, www.aquileia.net

Schloss Duino:
Ganzjährig zu besichtigen. Öffnungszeiten: März bis Oktober, täglich außer Dienstags, im Winter nur an Wochenenden und Feiertagen geöffnet.
Tel. 040/208120
www.castellodiduino.it

Ausflugsziele - Sternfahrten ins Land

144 Schön und ganz nah
174 Noch weiter ins Land geschaut

SCHÖN UND GANZ NAH

Für Unternehmungslustige und Kulturbewusste ist Grado ein idealer Ausgangsort: Nur einen Katzensprung entfernt liegen so lohnende Ausflugsziele wie die prächtige Römerstadt Aquileia, riesige Weingüter, entdeckenswerte Naturreservate und das malerische Schloss Duino.

Einmal muss man dort gewesen sein, selbst wenn man dem „Trümmerschauen" ansonsten nichts abgewinnen kann – und für Kulturinteressierte ist die geschichtsträchtige Stadt vor den Toren Grados ohnehin ein ganz besonderer Leckerbissen. Die Rede ist hier, Sie haben es sicher schon erraten, von Aquileia. Bei der Anreise nach Grado kommt man zwangsläufig durch, führt doch die Hauptstraße mitten durch die Ausgrabungen, vorbei an den stolz aufgepflanzten Säulen des römischen Forums, oder besser gesagt, dessen, was davon übrig geblieben ist. Nur elf Kilometer von der Lagunenstadt entfernt, ist es ein Katzensprung nach Aquileia, ein ideales Programm für trübe Tage und eine schöne Abwechslung zum Strandleben.

Kleine Zwischenstopps

Das erste Dorf am Festland – von Grado aus gesehen – ist Belvedere. Hier bekamen die Fischersfrauen, die ihre Körbe auf dem Kopf zum Verkauf trugen, erstmals festen Boden unter die Füße. Einst stand dieser Ort im Lehen der Familie Savorgnan, die hier auch eine in die Jahre gekommene Villa aus dem 17. Jh. hinterlassen hat, genannt Villa Savorgnan–Fior. Eigentlich ein richtiges Anwesen, bestehend aus mehreren Gebäuden, das heute aber schon sehr verfallen ist und in dessen verwilderten Vorgärten sich glückliche Hühner mit ihrem stolzen Gockel tummeln. Zu dem Ensemble gehört auch eine Pfarrkirche aus der Mitte des 18. Jhs. Weiter führt der Weg durch eine enge, aber hübsche Pinienallee nach Belvedere Pineta. Die größte Attraktion ist hier ein Campingplatz und der Lagunenblick, Hungrige sind aber hier am richtigen Weg zum netten Landgasthaus „Alla Buona Vite", das inmitten von Feldern und Weingärten mit einer wunderbaren Pergola, einem Kinderspielplatz und allerlei Leckerem für den Magen wartet. Der Piniengürtel soll der Überrest jenes Waldes sein, der im Altertum die ganze nördliche Adria bedeckte und war schon immer ein beliebtes Ausflugs– und Picknickziel für die Gradeser.

Aber auf dem Weg nach Aquileia lockt noch ein kleiner Seitensprung – nämlich in Richtung Westen, zum Pinienwald *San Marco*. Die Zufahrt zu finden ist nicht ganz einfach, denn es gibt erstens außer einem fast unsichtbaren Täfelchen keine Beschilderung und zweitens ist die Straße nicht viel mehr als ein schmaler Schotterweg. Er geht gleich hinter einem Umspannwerk auf der linken Seite kurz vor Aquileia ab und es ist noch dazu eine Privatstraße, die nur von Besuchern des Friedhofs zu befahren ist. Aber da wollen wir ja schließlich hin! Quer über die Felder, über die sonst Hasen hoppeln und wo Pferd und Esel in vollkommener Freiheit grasen, gelangt man zu

Duino: Ein malerisches Schloss und eine imposante Felsküste

Der stolze Glockenturm der Basilika von Aquileia ragt 73 Meter in die Höhe.

einer der bezauberndsten Ecken weit und breit, mit einer Landschaft, die sich malerisch hin zur Lagune öffnet – umrahmt von Wiesen, Mohnfeldern und Piniengruppen. Mitten drin auf einer kleinen Düne steht die achteckige St. Markus-Kapelle mit einem kleinen Zypressen gesäumten, mauernbewehrten Friedhof. Auch hier war die Familie Savorgnan am Werke, die an der überlieferten Landungsstelle des Evangelisten Markus die Kapelle mit der Statue des heiligen Markus errichten ließ. Es ist zwar höchst unwahrscheinlich, dass der gute Mann tatsächlich hier angeschwemmt wurde, die Legende hat jedoch einen wahren Kult um seine Person ausgelöst.

Auf nach Aquileia
Das nächste Ziel ist nun Aquileia, für das man etwas mehr Zeit einplanen sollte. Immerhin besucht man damit die älteste Stadt des Landes und zugleich eine, die einst unter den „Top Ten" des Römischen Reiches rangierte!

Die Geschichte in Kürze: 181 v. Chr. begann die Karriere Aquileias als kleiner militärischer Stützpunkt der Römer, auch Cäsar kam in Folge hier vorbei und blieb für zwei Jahre. Kaiser Augustus erhob Aquileia zur Hauptstadt der Römischen Region *Venetiae et Histria*. Jetzt erblühte es zu voller Macht, wurde als zentraler Handelsort zwischen Mittelmeer und Donau und militärischer Stützpunkt zu einer Metropole, deren Glanz und Größe heute schwer vorstellbar sind. Luxus und Pracht prägten die Weltstadt mit mehreren hunderttausend Einwohnern und nur einen Bruchteil davon kann man heute noch bewundern.

Aquileia spielte auch bei der Evangelisierung eine tragende Rolle, es war ab dem 3. Jh. Bischofssitz. Ab dem 6. Jh. erhoben sich die Bischöfe von Aquileia sogar über andere Bischöfe, indem sie sich selbst zu Patriarchen erhoben (siehe auch Kapitel „Geschichte"). Der Abstieg begann, als die Hunnen 452 unter Attila

Immer sehenswert:
Die Schätze des
nahen Aquileia

die Stadt überrannten, womit wir wieder an der Geschichte Grados rühren, denn die fliehenden Einwohner suchten ja bekanntlich auf der nahen Laguneninsel Schutz. Es war zwar nicht das Ende von Aquileia, denn noch einmal konnte es sich erholen, aufzuhalten war der drohende Untergang allerdings nicht mehr, denn das Schicksal hatte sich gegen die Stadt gewendet: Nicht nur die sich häufenden kriegerischen Überfälle wirkten sich negativ auf sein Fortkommen aus, auch der Hafen war durch veränderte Flussläufe von großen Schiffen nicht mehr erreichbar. Zu allem Überfluss war die Stadt mit dem Nachlassen der römischen Stärke und der militärischen Macht exponiert und schutzlos, und so war das Ende Aquileias absehbar.

Doch nochmals zurück zur Blütezeit und den Wurzeln seiner Macht: Vor Überfällen flohen natürlich auch die Würdenträger nach Grado, und als 489 die Langobarden heranrückten, blieb der Patriarch gleich auf der sicheren Insel, wo er sich unter byzantinischem Schutz wusste. In Aquileia wurde daraufhin ein Gegenpatriarch gewählt, jedoch auch der musste vor den kriegerischen Einfällen weichen, er zog sich nach Cormons zurück. Nachdem Karl der Große die Langobarden besiegt hatte, versuchte er Aquileia wieder zu stärken und stellte Gelder zum Wiederaufbau des Doms zur Verfügung. Viel tat auch der Patriarch Poppo, um Aquileia zu altem Ansehen zu verhelfen und im Gegensatz zu anderen Patriarchen residierte er zumindest zeitweise hier, während andere Cividale als ständige Bleibe vorzogen. Die Macht der Patriarchen war inzwischen auch eine weltliche geworden, denn der deutsche Kaiser hatte ihnen 1077 die Grafschaft Friaul mit fürstlichen Privilegien übertragen. Diese weltliche Macht endete erst, als die Venezianer 1429 das Ruder im Friaul übernahmen. Die geistliche Gerichtsbarkeit blieb ihnen dagegen sogar bis 1751, nämlich bis das Patriar-

Reste einer glanzvollen Zeit: Die Säulen des römischen Forums in Aquileia

chat zwischen Görz und Udine aufgeteilt wurde – und Aquileia endgültig auf der Strecke blieb und auch diese letzte Bastion der Macht verlor.

Hauptattraktion ist die *Basilica Patriarcale*, der Dom, das weitaus bedeutendste Monument der Region. Wie so oft – und wie auch in Grado – wurde auch hier in Schichten und auf älteren Gebäuden gebaut: das ursprüngliche Gebäude stammte aus dem 4. Jh., darauf wurde die Basilika errichtet, die ihrerseits mehrmals zerstört und danach rekonstruiert wurde. Die Grundzüge dessen, was wir heute sehen, stammen aus 1031 und wurden ebenso wie der 73 Meter hohe *Campanile* (ein Aufstieg lohnt trotz vieler Treppen und enger Schächte wegen der tollen Aussicht!) vom Kärnten stämmigen Patriarchen mit dem klingenden Namen Poppo in Auftrag gegeben. Die Vielschichtigkeit wird am besten in der *Cripta degli Scavi,* der Krypta der Ausgrabungen, demonstriert, in der drei verschiedene archäologische Schichten freigelegt wurden (vom linken Seitenschiff aus erreichbar). Wunderschön auch der Mosaikboden der Basilika, die Maria und den Heiligen Hermagoras und Fortunatus geweiht ist (auch deren Gebeine landeten übrigens in Grado). Die eingehende Betrachtung lohnt sich, erzählt sie doch viele Geschichten wie z. B. von der Legende des Jonas, der ja bekanntlich von einem Walfisch verschluckt wurde, und vom Kampf des Hahnes gegen die Schildkröte – wobei der Hahn für das Licht steht, die Schildkröte für das Dunkel. Fische als Christussymbole, Vögel, Hirten mit vielen Tieren, hier wimmelt es nur so von Ornamenten und geheimnisvollen Symbolen.

Wer Besuche im Museum schätzt, wird hier im Archäologischen Museum (an der *Via Roma*, jenseits der Hauptstraße) fündig, das zu den wichtigsten Museen Italiens zählt und entsprechende Schätze zu bieten hat. Etwas weiter weg vom Schuss liegt das *Museo Paleocristiano*, das

frühchristliche Museum mit Fundstücken aus römischer Zeit im Ortsteil Monastero. Es liegt hinter dem Flusshafen, dessen deutliche Überreste man inklusive der Lagerhäuser bei einem schönen Spaziergang durch eine schattige Pinienallee besichtigen kann. Nicht alle Ausgrabungen sind jedoch für die Öffentlichkeit freigegeben. Umfang und Qualität der zur Schau gestellten Relikte bieten aber einen durchaus erschöpfenden Einblick in vergangene Macht und Herrlichkeit.

Kulinarisches am Festland – zum Einkaufen und Schlemmen

PASTICCERIA MOSAICO
Schön zum draußen Sitzen, um eine kleine Erfrischung oder einen caffè zu genießen.

Aquileia, Piazza Capitolo 10

HOTEL PATRIARCHI, RISTORANTE FONZARI
Das traditionsreichste Haus am Platz direkt an der Hauptstraße, das gehobene Fischküche und Weine aus der Umgebung bietet.

Aquileia, Via Augusta 12
Tel. 0431/919595

Information Aquileia
Piazza Capitolo 4
Associazione Pro loco,
Tel. 0431/91087
info@aquileia.net
www.aquileia.net

LA COLOMBARA
Stattliches Haus an der Strada Statale Nr. 14 Richtung Triest. Hervorragende, kreative Fisch- und regionale Küche in eher alpinem Ambiente, hier gehen die Einheimischen gerne hin.

Aquileia, Via S. Zilli 34
Tel. 0431/91513

AI QUATTRO PIOPPI
Einfache Landtrattoria Richtung Monfalcone. Spezialität ist gegrilltes Fleisch mit Polenta, aber auch *calamari fritti*, *gamberetti* und frisches Gemüse vom Hof.

Via Grado 22, San Canzian d'Isonzo
Tel. 0481/711584

Weingärten und landwirtschaftliche Kulturen prägen das flache Umland.

Alla Buona Vite

Ein richtiges Landgut mit Bauernhof, Weinanbau und einem Landgasthaus, wo man unter einer hübschen Pergola Fleisch und Fisch gleichermaßen frisch und gut genießen kann.

Località Boscat 10
Tel. 0431/88090

Azienda Agricola „Altran"

Mehr als ein Landgut, schon fast ein eigenes Dorf ist diese Azienda, die eines der renommiertesten Restaurants der Gegend beherbergt. Das Ambiente ist museumsreif, das Küchenniveau wird selbst vom österreichischen Gourmet Christoph Wagner „als große Küche, wie man sie selten findet" eingestuft. Für Feinspitze und zu besondern Anlässen.

Località Cortona 19, Ruda
Tel. 0431/96230

Villa „Il Trovatore"

Ein Lokal, das mit seiner Disco Furore gemacht hat. Nur mit dem Auto (oder Taxi) zu erreichen ist dieses Landgut, das als freskengeschmückter Tanztempel vor allem bei den jüngeren Semestern „einschlägt". Vor Cervignano nach rechts abzweigen.

Via Lino Stabile 42
Tel. 0431/30464

Wer frisches Obst und Gemüse einkaufen möchte, sollte die Augen offen halten und auf die vielen Hinweisschilder achten. Je nach dem was gerade Saison hat, wird zum Verkauf angeboten wie z. B. köstliche Pfirsiche und Äpfel. Die Gegend um Fossalon ist Hochburg des Spargelanbaus, was sich zur gegebenen Zeit auch auf die Speisekarten (falls vorhanden) der Restaurants sehr positiv auswirkt.

Wer einen Besuch in der Festungsstadt Palmanova einplant, sollte in der *Via 1° Maggio* 21 vorbeischauen, wo Jolanda de Colò, die lokale Delikatessenkönigin, ihr Geschäft hat. Sie produziert mit ihrem Mann im großen Stil Spezialitäten von Gänsen und Enten wie etwa Gänsesalami oder -schinken und viele andere Köstlichkeiten aus Angusbeef, Schwein und Lamm, darunter auch vieles von den gestopften Lebern von Gans und Ente. Die Stopflebern sind ja mittlerweile durch die brutalen Fütterungsmethoden in Verruf geraten und bleiben so manchem Tierfreund in der Kehle stecken; bei der Vielzahl des Angebotes ist es aber leicht, auf andere Köstlichkeiten auszuweichen. Beispielsweise auf die seltene *pitina*, die sonst nur in den Bergen bei Pordenone (in Andreis und Claud) hergestellt wird und eine Wurstware in Form einer gestürzten Schüssel ist.

Dass in der Gegend auch Wein wächst, ist nicht zu übersehen, die Straße zwischen Belvedere und der Autobahnabfahrt ist reichlich bestückt mit den Offerten von Weingütern und Destillerien, die ihre Produkte anbieten. Einige der Weingüter öffnen ihre Tore auch für Besucher und bieten Führungen und Verkostungen. Besonders schön und von guter Weinqualität sind:

TENUTA CA' BOLANI

Das Hauptgut liegt – gut beschildert - bei Cervignano del Friuli, ca. einen Kilometer auf der SS 14 Richtung Venedig. Die „Vigneti Molin di Ponte" von Ca' Bolani liegen bei Strassoldo (Richtung Aiello) und sind ebenso gut gekennzeichnet.
Tel. 0431/32670
www.cabolani.com

Hier haben Sie Gelegenheit, das traditionsreiche Weingut der Familie Zonin mit unglaublichen 520 (!) Hektar Weingärten kennen zu lernen und von den besten Weinen Aquileias zu kosten. Führungen und Vinothek, wochentags oder mit Voranmeldung.Die wichtigsten Weine: Weißweine wie Pinot Grigio, Sauvignon, Traminer, stolz ist man hier auch auf Cabernet franc, Cabernet Sauvignon und Refosco al peduncolo rosso, den der Weinpapst Filiputti besonders schätzt.

Villa Vitas
Via San Marco 5
Strassoldo
Tel. 0431/93083, www.vitas.it

Ein Weingut mit Sitz in einer herrlichen sienaroten Villa aus dem 18. Jh., in der auch Veranstaltungen organisiert werden. Hier werden auf elf Hektar Sauvignon, Chardonnay, Pinot Grigio und in Rot Cabernet franc und Sauvignon, Merlot und Refosco al peduncolo rosso ausgebaut. Führungen und Verkostungen sind möglich, am besten auf Voranmeldung.

DER WEIN AQUILEIAS

Weinanbau hat hier Tradition. Schon die Römer schätzten den hiesigen Wein, auch wenn er damals noch etwas anders geschmeckt haben mag als heutzutage. Friaul–Julisch Venetien ist
 in acht Weinbaugebiete eingeteilt, die sogenannten DOC Gebiete (Denominazione d'origine controllata). Friuli Doc Aquileia ist eines davon und reicht von Belvedere bis weit hinter Palmanova. Hier sind die Böden nährstoffreicher und ertragreicher als beispielsweise in den Hügeln der Colli und Colli orientali oder im Karst. Dass der Wein hier andere

Der propere Ortskern von Marano Lagunare ist einen Bummel wert.

Bedingungen vorfindet, sticht auch dem Laien ins Auge: hier gibt es keine romantischen Weinberge, sondern vollkommen ebene, teilweise riesige Flächen, auf denen der Wein unter der kräftigen Sonne und mit wenig Frost reift. Das macht die durchschnittliche Qualität allerdings nicht unbedingt besser (eine Theorie besagt ja, dass die Traube am besten wird, wenn sie gerade noch ausreichende Bedingungen vorfindet), die Weine sind eher weniger gehaltvoll und manche Produzenten neigen zu Massenproduktion. Dennoch gibt es hier wahre Schätze zu entdecken so etwa auf der Tenuta Ca' Bolani den traditionsreichen Traminer und den Refosco al peduncolo rosso, die auf den warmen Böden und im sanften Klima prächtig gedeihen.

Das DOC Gebiet Friuli Annia liegt im Westen mit den Gemeinden San Giorgio di Nogaro und Marano Lagunare – es ist das kleinste aller DOC Gebiete.

In den Westen nach Marano Lagunare

Über Cervignano del Friuli und weiter Richtung San Giorgio di Nogaro und dann südwärts nach Carlino gelangt man nach Marano Lagunare, einem kleinen Fischerhafen mit 2.000 Einwohnern, der insbesondere kulinarisch viel zu bieten hat. Auch der gepflegte historische Ortskern ist durchaus einen Bummel wert. Marano ist einer der wichtigsten und ältesten Fischmärkte der oberen Adria, in den riesigen Fischhallen herrscht besonders früh morgens reges Treiben (Fischmarkt täglich von 6 bis 14 Uhr). Dabei ist nicht alles, was hier feilgehalten wird, direkt von den örtlichen Fischern, auch Fänge von Chioggia und weiter her werden hier angeboten. Auch Marktromantik alten Stils sucht man hier umsonst, denn in den modernen Hallen regieren die strengen Vorschriften der EU, die auch den Fischern bei der Instandhaltung und Neuanschaffung ihrer Boote ordentlich zu schaffen

machen und schon viele von ihnen zum Aufgeben gezwungen haben. Gegen den Fischgeruch ist der EU bis jetzt allerdings nichts eingefallen – es fischelt wie in alten Zeiten ...

Ab 1543 war Marano fest in venezianischer Hand – und das wirkt sich bis heute aus, denn hier wird ein venetischer Dialekt gesprochen und geschrieben (siehe die die offizielle Website www.comune.maranolagunare.ud.it). „Se Venessia no la fussi, Maran saria Venessia" (Wenn Venedig nicht wäre, wäre Marano Venedig) – ganz schön selbstbewusst, die Maraner! So gesehen sind es nicht nur die Gradeser, die der verpassten Chance auf ewigen Ruhm nachtrauern... Für die Venezianer war Marano jedenfalls ein militärischer Stützpunkt, die starken Mauern des Ortes standen bis in das 19. Jh. Beim Bummeln durch die Altstadt und die winzigen gepflegten Gässchen (in den letzten Jahren hat sich Marano stark gemausert, denn nicht immer war es so proper) fällt ein Turm mit vielen Wappen und Büsten auf: der Patriarchenturm, der ebenso wie die Loggia und das Palais des venezianischen Verwalters an die Zeiten der Serenisima erinnert. Ähnlich wie in Grado gibt es auch hier eine Schiffsprozession. Diese hier führt nach San Vito und findet am 15. Juni statt.

Naturfreunde finden bei Marano ein sehenswertes Naturschutzgebiet, das „Valle Canal Nuovo", das dem WWF untersteht und auch der Forschung und Umwelterziehung gewidmet ist. Im Besucherzentrum warten Anschauungsmaterial und viele Informationen. Und noch ein größeres Reservat mit 1.377 Hektar wurde weiter Richtung Lignano an der Stellamündung eingerichtet: das „Riserva Naturale delle Foci dello Stella".

Kulinarisches auf dem Weg nach und in Marano

CASA AL TRAGHETTO

Nicht ganz leicht zu finden: vom kleinen Örtchen Torviscosa geht es südlich schnurgerade in die „Pampa". Wenn nichts mehr geht, sind Sie da! Als Belohnung zieht Gigi Missio im kleinen Restaurant für Sie alle Register feinster Fischküche. Aber auch das Beef vom Grill ist nicht zu verachten und wenn die Jagdzeit beginnt, verirrt sich auch so manches Wild in die Kochtöpfe. Besser vorher reservieren, damit es nach der aufwändigen Anreise keine böse Überraschung gibt.

Località Baiana 48/51
Tel. 335/5244130

STELLA D'ORO

Mitten im Ort und unübersehbar präsentiert sich das dominante Haus mit verlässlicher Qualität und typisch italienischem, riesigen Speisesaal. Selbstverständlich steht hier frische Fischküche erster Güte im Mittelpunkt!

Piazza Vittorio Emanule II 11
Tel. 0431/67018
www.stelladoro.info

TRATTORIA ALLA LAGUNA
(FRÜHER VEDOVA RADDI)

Das traditionsreiche und weithin bekannte Lokal tischt unverfälschte, frischeste Fischküche auf, lange Zeit die gefeierteste Adresse weit und breit. Nach Umbau und Vergrößerung schmeckt es hier noch immer sensationell!

Piazza Garibaldi 1, Tel. 0431/67019

Zwei Naturschutzgebiete im Osten Grados versprechen Lagunenzauber pur.

HOTEL – RESTAURANT JOLANDA

Hier kann man auch sein müdes Haupt zur Ruhe betten, wenn der Heimweg zu weit wird. Kulinarisch – natürlich fischig alla marano – ist man hier gut bedient und sitzt gemütlich beim offenen Grill.

Via Udine 7/9
Tel. 0431/67700

In die Naturschutzgebiete im Osten:

Wenn Sie ihre kostbare Urlaubszeit lieber in der Natur als in Museen und Kirchen verbringen, hat Grado Ihnen auch dazu einiges zu bieten – und zwar noch mehr als Strand und Lagunenbootsfahrten! Nur wenige Minuten weiter in Richtung Monfalcone liegen zwei hochinteressante Naturschutzgebiete, die auch gut mit dem Fahrrad zu erreichen sind.

Das nähere liegt gleich nach dem Golf– und Campingzentrum „Tenuta Primero", nach der Brücke rechts und nennt sich „Valle Cavanata". Das Besucherzentrum liegt direkt an der Straße von Grado nach Fossalon, hier holt man sich die nötigen Informationen und schließt sich den Führungen an. Dieses 327 Hektar große Reservat wurde früher intensiv fischereiwirtschaftlich genutzt, seit 1996 regiert hier wieder Mutter Natur. Es hat sich durch seinen günstigen, künstlich regulierten Wasserspiegel zu einem Fisch– und Vogelparadies sondergleichen entwickelt, das von vielen Vogelarten auch zum Winterquartier oder zumindest als Zwischenstation auf Langstreckenflügen erkoren wurde.

Birdwatcher haben die Chance, etwa 240 Vogelarten zu beobachten, von denen 72 Arten hier brüten. Enten, Blesshühner, Kormorane & Co. finden Gefallen an den unterschiedlichen Landschaftsformationen wie Salzmarschen, Tamarisken bewachsenen Inseln, Sandufern, Auenwald,

Riserva Naturale Valle Canal Nuovo
Via delle Valli 2
Marano Lagunare
Tel. 0431/67551
www.riservenaturali.maranolagunare.com

Watten, Sumpf und Wiesen. Besonders stolz ist man hier auf die stetig wachsende Population der Graugänse, die 1984 wieder angesiedelt wurden. Von ihnen gibt es hier den größten sesshaften Bestand Friaul–Julisch Venetiens. Erkunden kann man das Reservat an seinen Außengrenzen entlang zu Fuß oder mit dem Fahrrad, den Kernbereich erforscht man mit einem Führer.

Das Naturschutzgebiet „Foce dell'Isonzo"

Noch ein paar Kilometer weiter in Richtung Triest liegt schon das nächste Naturreservat an der Isonzomündung, mit ca. 2.400 Hektar sogar um ein Vielfaches größer als das „Valle Cavanata". Der Isonzo, der in seiner „Jugend" als quirlige und blitzsaubere Soča auf slowenischem Gebiet ein Eldorado für seltene Forellenarten und wilde Kajakfahrten ist, fließt hier weit verzweigt und träge ins Meer. War man früher bemüht, sein Mündungsgebiet trocken zu legen und für landwirtschaftliche Zwecke zu nutzen, gehören heute die letzten 15 Kilometer des Isonzolaufes wieder ganz der Natur. Die einzigartige Landschaft mit weitläufigen Überschwemmungsgebieten, Buschland, Wiesen und Wäldern wird von einer artenreichen Tierwelt bewohnt. Säugetiere aus dem Karst wie Rehwild, Fuchs, Dachs und Wildschwein fühlen sich hier genauso heimisch wie zahlreiche Amphibien und Kriechtiere. Ganz zu schweigen von den über 300 Vogelarten, die hier teils heimisch sind, teil als Zugvögel Station machen oder nur die Wintermonate hier verbringen. Die landschaftliche Verwandtschaft mit der Camargue führte zur Idee, die dem Leben in Feuchtgebieten perfekt angepassten weißen Camarguepferde auch hier heimisch zu machen. Seither ist eine frei lebende Gruppe halbwilder Schimmel nicht nur für eine prächtige optische Bereicherung zuständig, sondern auch für einen

---

Valle Cavanta Besucherzentrum
Straße Gardo/Fossalon
Tel. 0431/88272
www.park.it/riserva.valle-cavanata

Öffnungszeiten:
April – September
Mo, Mi und Fr
9 – 12.30 Uhr
Sa 14 – 18 Uhr
Sonn –und Feiertags
10 – 18 Uhr

Von Oktober bis März
Di und Do 9 – 12.30 Uhr
Sonn – und Feiertags
10 – 16 Uhr

ausgeglichenen Pflanzenhaushalt, denn dank ihrer Fressgewohnheiten halten sie die übermäßige Verbreitung bestimmter Gräser unter Kontrolle. Eine zweite Gruppe von Pferden dient als Transportmittel für Guards und Gäste – wer immer sich am Rücken eines Pferdes wohl fühlt, sollte sich in den Sattel schwingen, um das Reservat zu erkunden. (Es gibt Touren für ungeübte Reiter und solche für Fortgeschrittene. Sogar Reitunterricht wird hier angeboten.)

Das Herzstück des Reservats ist die Isola della Cona, wo auch das Besucherzentrum mit Einstellplätzen für die Camarguepferde eingerichtet ist. Hier warten Inforäume mit audiovisueller Präsentation, Schaubecken, Herbarien und vielem mehr (leider alles nur auf Italienisch), dazu noch ein Entenmuseum und die bereits erwähnten Pferde. Sogar Fahrräder gibt es zu mieten. Mehrere Wege führen zu den Aussichtspunkten des Reservats. Besonders besuchenswert ist dabei die *Marinetta* im Stil der *casoni,* der Fischerhütten, erbaut. Die drei Ebenen der Aussichtsplattform erlauben ungewöhnliche Ein- und Ausblicke – vom Unterwasserblick bis zur Aussicht über den Golf von Triest.

Schlossromantik in Duino

Hier ist das Schöne wirklich naheliegend ... Nahe bei Grado und auf jeden Fall einen Ausflug wert. Noch nicht einmal 30 Kilometer und Sie sind einer vollkommen anderen Welt. In der Welt des Karstes und der wilden Klippen, steil ins Meer abfallender Felsen und romantischer Schlösser. Willkommen am Golfo di Panzano, willkommen in Duino!

Monfalcone mit seinen riesigen Werften (hier werden die größten Kreuzfahrtsschiffe der Welt gebaut) haben Sie nach 20 Kilometern schnell hinter sich gelassen, und bald wird Ihnen auffallen, wie sehr sich die Landschaft verän-

AUSFLUGSZIELE

Berühmt für seine
Gastfreundschaft:
Hereinspaziert ins
Schloss Duino.

dert hat. Die fruchtbaren oder sumpfigen Ebenen des Mündungsgebietes sind den typischen schroffen Karstformationen gewichen, das Ufer fällt steil ins Meer ab, dazwischen zwängen sich kleine Buchten. Duino selbst gibt als Ort wenig her, dazu fehlt ein echtes Zentrum. In Duino konzentriert man sich auf anderes: auf das Schloss, den Rilke-Weg und die guten Restaurants. Und auf den prächtigen Ausblick aufs Meer!

Wissenswert ist aber, dass Duino das United World College of the Adriatic mit einigen hundert Studenten beherbergt. Oder, dass rund um Duino ein schon in Römerzeiten sehr begehrter Marmor abgebaut wurde, der Ende des 19. Jhs. auch Triest zu seiner architektonischen Pracht verhalf. Danach regierte der Fischfang – im kleinen Hafen gab es sogar eine Fischfabrik - bis auch dieser unrentabel wurde. Die Attraktion des Hafens sind heute die beiden Restaurants: die legendäre „Dama Bianca" und das benachbarte „Cavalluccio". Beide Lokale bieten nicht nur erstklassige, pure Fischküche, sondern auch eine Terrasse mit Blick aufs Meer (respektive den stets überfüllten Parkplatz davor, je nach ergattertem Sitzplatz). Wenn man aus Grado kommt, ist man ja nicht gerade verwöhnt von Lokalen mit Meerblick, obwohl man allseitig von Wasser umgeben ist ... Kulinarischer Genuss lässt sich hier bestens mit Kultur und Natur zu einem ganzheitlichen Sinnesereignis verflechten, wie man es nicht alle Tage hat. So könnte man zuerst dem örtlichen Schloss einen Besuch abstatten und vielleicht nach dem opulenten Mahl ein Stück des Rilke-Weges entlang spazieren. Es muss ja nicht gleich die gesamte Länge nach Sistiana sein, obwohl, es sind auch nur eineinhalb Kilometer!

Doch kommen wir zuerst zum Schloss, das im Besitz des italienischen Zweiges der Thurn und Taxis steht. Manchmal sitzt die *Principessa* sogar höchstpersönlich an der Kassa des kleinen Sou-

Riserva Foce dell´Isonzo
*Zufahrt von der strada provinciale Grado/Monfalcone, an der Isonzobrücke nach rechts
Tel. 0432/998133
www.foceisonzo.it und www.isoladellacona.it
Geöffnet von 9 bis 17 Uhr außer Donnerstags, im Sommer auch länger*

venirladens. Die Familie hat in den letzten Jahren viel öffentliches Leben in die ehrwürdigen Mauern gebracht, in dem man nun auch allerfeinste Feste feiern und Tagungen im hauseigenen Kongresssaal abhalten kann. Überhaupt ist die Weltoffenheit dieses Schlosses für Italien ungewöhnlich; immer schon engagierten sich seine Besitzer für die Ideale der Überstaatlichkeit und des kosmopolitischen Denkens und förderten Kunst, Kultur, Wissenschaft und Meinungsaustausch.

Der Rundgang führt durch viele (mit Erinnerungsstücken und Ahnenbildnissen gefüllte) Räume, die allesamt aussehen, als würden ihre Bewohner gleich zur Tür hereinspazieren. Das Schloss hat sich einen besonderen Namen durch seine Gastfreundschaft gemacht und vielen bekannten Persönlichkeiten, darunter vielen Künstlern, seine Tore geöffnet – quasi ein humanistisches Kulturzentrum. So ist es kein Zufall, dass hier jede Menge Berühmtheiten Quartier nahmen, darunter Franz List, Johann Strauss, Kaiserin Elisabeth, Erzherzog Franz Ferdinand, Gabriele d'Annunzio, Mark Twain, Hugo von Hoffmannsthal und natürlich der allgegenwärtige Rainer Maria Rilke, der mit der schriftstellerisch talentierten Hausherrin Maria einen ausführlichen Briefwechsel geführt hat. Als Besucher aus jüngerer Zeit haben sich Eugène Ionesco und Sir Karl Popper in das Gästebuch des Schlosses eingetragen.

Prachtvoll und atemberaubend ist der Garten – oder besser gesagt Park – mit seinen üppig wuchernden Blumenkaskaden, verwitterten Statuen und den verwegen angelegten Wegen und Terrassen, die in den steil zum Meer abfallenden Klippen angelegt wurden. Und atemberaubend ist auch der Ausblick, den man von hier oben über den Golf von Triest und die malerische Küstenformation hat. Neu ist die Möglichkeit, den Bunker zu besichtigen, der von den Deutschen 1943 angelegt wurde, um eine Landung der Alliierten

AUSFLUGSZIELE

zu verhindern. Ab 1945 nutzen ihn die Engländer als Benzinlager, seit 2006 ist er auch für die Besucher geöffnet. Neben dem Schloss erheben sich die Reste einer Burg aus dem 11. Jh., das *Castel Vecchio*; Schloss Duino, das der Küste einen markanten und malerischen Stempel aufdrückt, stammt aus dem 14. Jh., und wurde von einem Grafen Ugone I. auf den Resten eines römischen Vorpostens erbaut. Der Turm stammt aus dem 16. Jh., doch seine Grundmauern sind bereits 2000 Jahre alt. Nach wechselvoller Geschichte ist es seit dem 18. Jh. im Besitz der *Torre e Tassi*.

Castello di Duino
Duino – Aurisana
Tel. 040/208120
www.castellodiduino.it
Öffnungszeiten
März bis Oktober, täglich
außer Dienstags.
Im Winter nur an
Wochenenden und
Feiertagen geöffnet.

Nur wenige Meter neben dem Schlosseingang gelangt man auf den Rilke-Weg, der seinen Namen natürlich nicht zufällig trägt: der Dichter soll Spaziergänge auf diesem heutzutage stark frequentierten Weg geliebt haben, die Aussicht ihn zu seinen „Duineser Elegien" inspiriert haben. Eineinhalb Kilometer zieht sich der Weg hin bis Sistiana. Zwischen Strecken, die man in lichtem Wald- und Buschwerk zurücklegt, eröffnen sich herrliche Blicke auf den Golf und das Schloss, auf Triest und die bizarren Formen der steil ins Meer abfallenden Klippen.

Kulinarisches

ALLA DAMA BIANCA
Legendär und nach einem Zwischentief wieder vorzüglich. Schwelgen Sie in unverfälschten, puren Köstlichkeiten aus dem Meer und genießen Sie die Aussicht. Ein besonderes Vergnügen an den ersten warmen Frühlingstagen, so nah am Meer zu sitzen.

Porto Duino 61c , Tel. 040/208137

AL CAVALLUCCIO
Manche ziehen es sogar dem berühmten Nachbarn vor – auch hier herrliche, ehrliche Fischküche – köstlich die ganzen Fische (z. B. Drachenkopf/*scarpetino* aus dem Rohr). Nette, grün bewachsene Terrasse, mit Blick mehr auf die parkenden Autos als aufs Meer, aber trotzdem wunderbar.

Porto Duino 61d, Tel. 040/208133

IL PETTIROSSO
Noch ein Fischspezialist – nicht am Meer, aber gut und nicht zu teuer.

Santa Croce 16, Duino Aurisana
Tel. 040/220619

GAUDEMUS
Was frisch am Markt ist, kommt auf den Teller, auch Köstliches an Wurst- und Fleisch. Ausgezeichnete Weinauswahl, es darf es auch ein guter Tropfen vom slowenischen Nachbarn sein.

Frazione Sistiana 57, Tel. 040/299255

NOCH WEITER INS LAND GESCHAUT

Venedig
Ca. 100 Kilometer entfernt liegt die wahrscheinlich schönste Stadt der Welt mit ihren Palästen, Gondeln und Kanälen. Zu erreichen mit dem Auto, mit dem Boot, oder am besten mit dem Zug, der Sie von Cervignano sicher und problemlos in die Stadt der Dogen bringt. (In Italien kostet Bahnfahren kein Vermögen!) Dann können Sie auch alle Parkplatzprobleme vergessen und die kostbaren Stunden in Venedig so richtig genießen.

Palmanova
Vielleicht sind ja schon bei der Anreise auf der Autobahn vorbeigefahren: Die Stadt mit dem sternförmigen Mauernring sollte den Venezianern als militärischer Schutzwall dienen. Am Reißbrett entworfen, hielt sich der Zuzug in Grenzen, denn freiwillig wollte keiner her – auch heute leben statt der geplanten 20.000 Menschen nur 5.000 hier. Sehenswert die *Piazza Grande* und die Befestigungsanlagen. Nur 25 Kilometer von Grado schnurgerade ins Inland.

Villa Manin
Leider nicht ganz um die Ecke, aber ein lohnendes Ziel vor allem in Kombination mit Ausstellungen und Konzerten, die hier häufig stattfinden (2006 sang z. B. Andrea Boccelli). Die Villa selbst, in der Napoleon residierte, als er den „Vertrag von Campoformio" aushandelte, beeindruckt durch gewaltige Ausmaße und einen schönen Park. Zum Einkehren bietet sich das „Ristorante del Doge" am linken Seitenflügel an. Zu erreichen am besten über die Straße 252, die von Palmanova nach Codroipo führt.
Villa Manin, Passariano bei Codroipo, www.villamanin.it

Udine
Macht für Besucher aus dem Norden vor allem als Einkaufsstadt Furore – das geht genauso von Grado aus: Shopping in der *Via Mercato Vecchio* und am *Piazza Matteotti*, einen Spaziergang auf den Schlossberg, bei den Fresken des Tiepolo im Dom und im *Oratorio della Purità* vis-a-vis vorbeischauen, friulanisch schmausen z. B. im „Al Vecchio Stallo" in der *Via Viola* – eine schöne Abwechslung zum Strandleben!

Zu den Weinen des Collio
In den Hügeln der „Toskana des Nordens" mit dem Zentrum Cormons reift ein duftiger Weißwein von feinem, weichen Charakter, der diese Gegend berühmt hat werden lassen. Die wichtigsten Sorten sind Chardonnay, Pinot bianco, Picolit, und grigio, Riesling, Ribolla gialla, Tocai und Traminer. Hier in der Gegend um Cormons, Capriva und Gradisca d'Isonzo liegen auch einige der berühmtesten Weingüter des Landes, wie etwa:

EDI KEBER
Unbedingt probieren: Collio Bianco bzw. Collio Rosso, in dem der Meister des Verschnitts seine Größe zeigt.

Località Zegla17, Cormons, Tel. 0481/61184

JERMANN DI SILVIO JERMANN
Ursprünglich aus Österreich, zählt die Familie zu besten Produzenten des Landes. Hoch im Kurs stehen der Vintage Tunina, eine der besten Cuvées des Landes, sowie Ribolla, Müller Thurgau, Tocai, Chardonnay und Sauvignon.

Via Monte Fortino 21, Villanova di Farra, Tel. 0481/888080, www.jermann.it

Russiz Superiore -
Marco Felluga
Es ist nur eines von vier Fellugagütern, aber technologisch und architektonisch vorbildlich. Hier wird besonders Exklusives hergestellt. Bruder Livio produziert in Brazzano di Cormons.

Via Gorizia 121, Gradisca d´Isonzo,
Tel. 0481/99164

Venica & Venica
Mehrere Generationen und Brüder haben zu Spitzenqualitäten beigetragen. Besonders empfehlenswert: Collio Pinot Grigio, Collio Rosso delle Cime, Collio Sauvignon Ronco delle Mele und der Vignis, eine ganz besondere Cuvée.

Via Mernico 42, Dolegna di Collio,
Tel. 0481/61264

Zu den Denkmälern des Krieges
Ein ungeheures Gemetzel fand hier in den Jahren 1915 bis 1917 statt, als das italienische Heer versuchte, die Linien der k. u. k. Truppen zu durchbrechen. Im zähen und sinnlosen Stellungskrieg ließen über eine Million Männer ihr Leben, Ortschaften verschwanden von den Landkarten. Mehrere Mahnmale beider Parteien erinnern an das grausige Schlachten, das größte steht am Monte Sei Busi bei Redipuglia, einem 3.000-Seelen-Ort bei Gradisca. Hier ruhen in einem gigantischen Mussolini-Bauwerk 100.000 Soldaten der italienischen Armee. Weitere Mahnmäler finden sich in San Martino und Fogliano.

Görz

Die geteilte Stadt – sie wurde nach dem zweiten Weltkrieg in eine italienische und eine (früher) jugoslawische Hälfte zerrissen – bietet auf der westlichen Seite ein reizvolles historisches Ensemble mit schönen Straßenzügen und eine sehr grüne, lebendige Innenstadt. Über allem thront der *Borgo Castello*. Mittlerweile hat sich natürlich das Tor zum Osten geöffnet, beliebt ist dort vor allem das Casino.

Schloss Miramare

Ein Stück hinter Duino liegt auch schon das nächste Schloss, das weltberühmte weiße Märchenschloss „Miramare" mit seinem herrlichen Park, mit dem sich der unglückliche Maximilian von Habsburg, später Kaiser von Mexiko und dort gewaltsam zu Tode gekommen, einen Traum verwirklichte – den er nicht lange genießen durfte. Hier finden auch Veranstaltungen statt, ein Renner war z. B. das Elisabeth–Musical, das im Park aufgeführt wurde.Von Grado aus auch mit dem Schiff erreichbar! Tel. 040/224143, www.castello-miramare.it

Triest

Eine prächtige Stadt am Meer mit einer unübersehbaren multikulturellen Vergangenheit und Gegenwart. Hier mischen sich Kulturen von Christen und Juden, Friulanern und Venezianern, Serben, Kroaten, Griechen und vor allem auch Österreichern, die der Stadt unter Maria Theresia und Joseph II. zu ihrem heutigen Aussehen und Ansehen verholfen haben. Unbedingt einmal in ein Buffet reinschauen, wo auf gut „alt–österreichisch" Kaiserfleisch und Gulasch auf den Teller kommt (z. B. „Da Pepi" gleich neben der Börse). Berühmt auch die Kaffee- und Kaffeehauskultur, besuchenswert sind etwa das „Caffè San Marco" in der *Via Battisti* 18 oder das „Caffè Tommaseo" in der Nähe der *Piazza Unità*.

Dramatisches
Abendrot am
Canale della
Schiusa

Allgemeine Informationen

Grado Fakten und Zahlen:

Provinz: Görz (GO),
Region: Friaul–Julisch Venetien

Einwohner: 9.552

Fläche: 115,5 km2, davon
45km2 Festland,
70,5 km2 Lagune zwischen
Porto Buso und La Bocca di
Primero

Partnerstädte: St.Lorenzen und Feistritz
bei Knittelfeld (A)

Tourismusinformationen Grado:
Aiat di Grado, Aquileia e Palmanova
Viale Dante 72
34073 Grado
Tel. 0431/877111
Fax 0431/83509
info@gradoturismo.info
www.gradoturismo.info

Grado Impianti Turistici
Viale Dante 72
Tel. 0431/8991
info@gradoit.it
www.gradoit.it

Comune di Grado –
Ufficio relazioni con il pubblico
Tel. 0431/898212
turismo@comunegrado.it
www.comune.grado.go.it

Hotels, Angebote, Reservierungen:
Promhotels 2001 s.r.l.
Riva Zaccaria Gregori 9
Tel. 0431/82347 od. 0431/82929
Numero Verde (gebührenfrei)
aus Österreich: 0800/292408
aus Deutschland: 0800/837645
aus der Schweiz: 0800/1827550

Associazione Commercianti e Albergatori
Tel. 0431/876201

Telefonieren:
Die italienische Landesvorwahl lautet 0039, danach muss die 0 der Ortsvorwahl mitgewählt werden. Auch innerhalb Italiens und eines Ortes ist die Ortsvorwahl ein fixer Nummerbestandteil, der immer gewählt werden muss.
Ausnahmen sind nur die Vorwahlen der Mobiltelefone, der Notrufnummern und der Telefonauskunft.
Inlandsauskunft Italien: 12
Auskunft Ausland: 176

Wichtige Telefonnummern in Grado:
Notarzt 0431/82268
A.S.L. Ambulatorium –
Via Marchesin 0431/82561
Carabinieri – Via Goldoni 0431/80161
Verkehrspolizei 0431/80100
Hafenpolizei 0431/80050
Gemeinde Grado 0431/898111
Pfarramt 0431/80146
Taxi – Piazza Carpaccio 0431/82300
Post – Via Caprin 0431/80700
Post – Città Giardino 0431/80224

Notrufnummern:
Polizei–Notruf 113
Polizei (*Carabinieri*) 112
Feuerwehr (Vigili del fuoco) 115
oder in Grado auch 0431/32222
Rettung 118
Pannenhilfe ACI (Automobilclub d'Italia) 116

Regionale Tourismus- und Transportinformationen:
Flughafen Ronchi
di Legionari Tel. 0481/773224
Bahnhof Cervignano Tel. 0431/32303
Busbahnhof Grado Tel. 0431/80055

Direzione Centrale Attività Produttive
Servizio Promozione e Internazionalizzazione
(Regionaler Tourismusverband)
Via Uccellis 12/F
33100 Udine
Tel. 0432/731461
info.turismo@regione.fvg.it, www.turismo.fvg.it

Consorzio Friuli Turismo
Piazza 1° Maggio 6/7
33100 Udine
Tel. 0432/509505
info@friuliturismo.org

Aiat di Trieste
Via San Nicolò 20
34121 Trieste
Tel. 040/67961
info@triestetourism.it, www.triestetourism.it

Aiat di Udine
Piazza 1° Maggio 7
33100 Udine
Tel. 0432/295972
Arpt_ud4@regione.fvg.it

Aiat di Gorizia
Via Roma 5
34170 Gorizia
Tel. .... **0481/386222 (-4) (-5)**
oder Tel. **0481/535764**
info@gorizia-turismo.it
www.gorizia-turismo.it

Italienische Feiertage:
1. Jänner (Neujahr)
6. Jänner (Heilige Drei Könige)
   Ostersonntag und Ostermontag
25. April (Tag der Befreiung 1945)
1. Mai (Tag der Arbeit)
3. Juni (Tag der Republik)
15. August (Ferragosto, Maria Himmelfahrt)
1. November (Allerheiligen)
8. Dezember (Maria Empfängnis)
25. und 26. Dezember (Weihnachten)

Weitere nützliche Internet–Adressen:
Unterkunft:
www.emmeti.it
www.enit.it
www.de.traveleurope.it
www.friulalberghi.it
www.tourenhotel.de (Motorradhotels)
www.italytraveller.com
www.bedandbreakfastfvg.com
www.casefriulane.it (Vacanze in case friulane)
www.agriturismofvg.com (Urlaub am Bauernhof)
www.ostellionline.org. (Jugendherbergen)

Wein und Kulinarisches:
www.mtvfriulivg.it (Movimento Turismo del Vino)
www.vignetochiamatofriuli.com (Casa del Vino)
www.friuliviadeisapori.it (Friuli Via dei Sapori)

Hotels und Unterkünfte

Einige aus der Vielzahl der Hotels und Unterkünfte – vom 4-Sterne-Luxushotel bis zur Ferienwohnung oder dem Campingplatz ist bei rechtzeitiger Buchung für jede Brieftasche etwas zu haben! Die Liste der Agenturen für Ferienwohnungen erhalten Sie unter Agenzia Turismo FVG, Ufficio di Grado, Tel. 0431/877111, info@gradoturismo.info. Übrigens: Wer Golf spielen möchte, genießt am Platz 30 % Preisnachlass, wenn er bei einem der Partnerhotels Quartier nimmt (www.tenuta.primero.com, Partnerhotels).

4 Sterne ★★★★

GRAND HOTEL ASTORIA
Das Grand Hotel Astoria entstand am Anfang des 20. Jhs. unter dem Namen „Hotel Lido" und war beliebtes Ziel der Herrschaft der Habsburger Monarchie. 1991 wurde es als moderner Komplex wiedereröffnet und wartet mit einer Kur- und Beautyabteilung, einem Kongresszentrum und einem Feinschmeckerlokal im 7. Stock auf. Am Rande der Altstadt Richtung Meer.
Largo S. Grisogono 3
Tel. 0431/83550
info@hotelastoria.it
www.hotelastoria.it

HOTEL ABBAZIA
Gutbürgerliches Ambiente in guter Lage: Strandnähe und zur Altstadt nur wenige Minuten. Golfpartnerhotel.
Via C. Colombo 12
Tel. 0431/80038/81721
info@hotel-abbazia.com
www.hotel-abbazia.com

Hotel Savoy

Ein großzügiges Traditionshaus, dessen Besitzerfamilie in enger Verbindung zu Kärnten steht. Modern und geschmackvoll mit einer modernen und vielfältigen Kur- und Beautyabteilung, einem großzügigen Freibad und einem Hallenbad. Bietet auch Kinderbetreuung und viele Extras für die Kleinen.
Via Carducci 33
Tel. 0431/897111
reservation@hotelsavoy-grado.it
www.hotelsavoy-grado.it

Hotel Ville Bianchi

Die beste Lage aller Hotels, nämlich direkt am Strand und mit genügend Garten für etwas Bewegungsfreiheit (und Parkplätze) haben die wunderschönen fünf Villen der Ville Bianchi, die seit kurzem in neuem Glanz erstrahlen und eine wahre Zierde für Grado darstellen. Sie entstanden zu Beginn des 20. Jhs. und bieten schöne Zimmer mit teilweise verzauberndem Ausblick aufs Meer. Eine ganz besondere Adresse, die k. u. k. Geschichte atmet. Auch Appartements zu vermieten. Golfpartnerhotel.
Viale Dante 50
Tel. 0431/80169
office@villebianchi.it
www.villebianchi.it

Hotel Villa Erica

Eines der ältesten Gebäude der Gegend, errichtet Ende des 19.Jhs. Das hübsche Haus liegt direkt an der *Via Dante* und hat ein nettes Straßencafé vor der Haustür. Vom oberen Stock gibt es Zimmer mit Meerblick. Strandermäßigung, Golfpartnerhotel, Fahrradverleih.
Via Dante Alighieri 62
Tel. 0431/84444
hotelvillaerica@libero.it

HOTEL ADRIA
Die Tradition sieht man diesem Haus an, die Lage ist vorzüglich, nämlich mitten am prominentesten Platz in der *Via Europa*. Wer nicht so großen Wert auf modernste Ausstattung legt, ist bei Familie Gimona bestens aufgehoben. Hier gibt es Packages, die den Strandeintritt inkludieren. Golfpartnerhotel.
Viale Europa Unita 18
Tel. 0431/80037 oder 0431/80656
adrahotel@libero.it
www.hoteladria.info

HOTEL HANNOVER
Properes Haus nahe dem alten Hafen, das für kühlere Tage Sauna, Whirlpool und Fitnesscenter bereit hält.
Piazza 26 Maggio
Tel. 0431/82264
hannover@wavenet.it
www.hotelhannover.com

HOTEL METROPOLE
Ein prächtiges Haus der Jahrhundertwende, direkt am Hafen an der Ecke zur *Viale Europa* und das ganze Jahr über geöffnet hat (einige Wellnessangebote vorhanden). Die Vinothek „Cagiandola" im Haus gehört dazu und bietet Preisnachlässe für Gäste.
Piazza San Marco
Tel. 0431/876207
info@gradohotel.com
www.hotelhannover.com

3 Sterne ***

Hotel Villa Reale
Eine schöne Jugendstilvilla aus Grados k. u. k. Zeiten mit nur ca. 20 Zimmern, aber voller Tradition und Charme. Frühstück wie im Wiener Kaffeehaus. Golfpartnerhotel. Direkt in der Fußgängerzone, wenige Meter vom Strandeingang.
Via Colombo 11
Tel. 0431/80015 oder 0431/85578
info@hotelvillareale.com
www.hotelvillareale.com

Grand Hotel Fonzari
Das älteste der Gradeser Hotels wurde als gewaltiger Gebäudekomplex am Rande der Altstadt wiedererbaut und schaut direkt auf die Ausgrabungen. Innen war es einmal modern, aber die Serviceleistungen sind vielfältig: Kinderspielecken, Internet-Point, Fahrradverleih, auch kleine Hunde sind erlaubt. Das Schönste ist der Pool im obersten Stock mit sensationellem Ausblick!
Piazza B. Marin
Tel. 0431/877753
info@hotelfonzari.com
www.fonzari.com

Hotel Alla Spiaggia
Ein schneeweißer, moderner Komplex in zentraler Lage in der Fußgängerzone mit Zimmern, die einen guten Blick aufs Meer bieten. Dazu gehört auch die stylishe *Enoteca* mit Garten, wo es sich herrlich Prosecco & Co genießen lässt.
Via Mazzini 2
Tel. 0341/80162
info@albergoallaspiaggia.it
www.albergoallaspiaggia.it

Camping

CAMPEGGIO TENUTA PRIMERO

Hinter Grado Pineta, schattig und mit allem ausgestattet, was das Camperherz gebehrt, fast 900 Stellplätze und 40 Bungalows, dazu ein Kilometer Strand, Pool, Yachthafen, Animationsprogramme , Tennisplätze und der Golfplatz mit dem Spitzenrestaurant „Al Casone" gleich vis-a-vis.
Via Monfalcone 14
Tel. 0431/896900
info@tenutaprimero.com
www.tenutaprimero.com

FISCH & CO AUF GRADOS SPEISEKARTEN

Grundsätzlich der beste Tipp: Folgen Sie der Empfehlung des Wirtes. Er verrät, was er frisch zu bieten hat und vielleicht gar nicht auf der Karte steht! Auch wenn Sie der italienischen Sprache nicht mächtig sind, kommen Sie in Grado meist zu dem, wonach Ihnen der Sinn steht. Fast jeder spricht hier ausreichend Deutsch und die Restaurants haben oft deutsche Speisekarten auf Lager. Allerdings sind auf diesen die Gerichte manchmal nicht wieder zu erkennen ist und klingen nur mehr halb so einladend ...

Falls Sie doch mal Übersetzungsbedarf haben, finden Sie hier die wichtigsten Vertreter der Fischküche:

Fisch und Meeresfrüchte

acciughe, alici, sardoni .... Sardellen
aguglia .... Hornhecht
anguilla, bisato .... Aal
aole .... kleine Süßwasserfische
aragosta .... Languste
asià .... Glatthai
astice .... Hummer
baccalà .... Stockfisch
baccalà mantecato .... Stockfischcreme
bottarga... getrockner und gesalzener Fischrogen
branzino .... Wolfsbarsch
brodetto di pesce .... Fischsuppe
cannolicchi .... Schwertmuscheln
canoce .... Bärenkrebse
canocchie .... Heuschreckenkrebs
capesante, conchiglia .... Jakobsmuscheln
capelonghe ..... Scheiden- oder Messermuscheln
canestrelli................................. Pilgermuscheln
calamari .... Tintenfische
cefalo .... Meeräsche
cernia .... Zackenbarsch
coccio .... Knurrhahn
coda di rospo...Seeteufel, auch rana pescatrice genannt
corbelo .... Meerrabe (seltener, vorzüglicher Fisch)
cozze .... Miesmuscheln
crostacei .... Krustentiere
dentice .... Zahnbrasse
folpeti .... kleine Tintenfische
frutti di mare .... Meeresfrüchte
gambero .... Garnele
garusoli .... Meeresschnecken
granchio comune .... Krebs, ohne Panzer: moleca
granzoporro .... Taschenkrebse
granzevola .... Meeresspinne

mazzancollo	Riesenscampi
merluzzo	Kabeljau
moleca	Strandkrabbe ohne Panzer
mormora	Marmorbrasse
moscardini	Tintenfischart
mussolo	Muschelart
nero di seppia	Tintenfischtinte
orata	Goldbrasse
ostriche	Austern
passere	Butt
persico	Barsch
pesce spada	Schwertfisch
polipo, polpo	Oktopus
latterini, ribalta vapori	Ährenfische
rombo	Steinbutt
salmone	Lachs
san pietro	Petersfisch
sarago	Brasse
sarde, sardine (in savor)	Sardinen sauer abgemacht
scorfano oder scarpena	Drachenkopf
schile	kleine Garnelen
seppia	Tintenfisch
seppioline	kleine Tintenfische
sgombro	Makrele
sogliola	Seezunge
spigola	Seebarsch
tartufi di mare, dondoli	Meerestrüffel
telline	Dreiecksmuscheln
tonno	Thunfisch
volpina	Meeräsche
vongole verace	Venusmuscheln mit kleinen Hörnchen, oft aus Zucht, eigentlich: Teppichmuscheln
vongole alla gradese	Venusmuscheln, besonders gut, aus der Gegend, aber selten